MEDIANDO A "REVOLUÇÃO"
A COBERTURA DOS ANIVERSÁRIOS DO GOLPE NA DITADURA MILITAR

Editora Appris Ltda.
1.ª Edição - Copyright© 2023 da autora
Direitos de Edição Reservados à Editora Appris Ltda.

Nenhuma parte desta obra poderá ser utilizada indevidamente, sem estar de acordo com a Lei nº 9.610/98. Se incorreções forem encontradas, serão de exclusiva responsabilidade de seus organizadores. Foi realizado o Depósito Legal na Fundação Biblioteca Nacional, de acordo com as Leis nᵒˢ 10.994, de 14/12/2004, e 12.192, de 14/01/2010.

Catalogação na Fonte
Elaborado por: Josefina A. S. Guedes
Bibliotecária CRB 9/870

G135m
2023
	Gagliardi, Juliana
	    Mediando a "revolução" : a cobertura dos aniversários do golpe na ditadura militar / Juliana Gagliardi. – 1. ed. – Curitiba : Appris, 2023.
	    128 p. ; 232 cm. – (Ciências da comunicação).
	
	    Inclui referências.
	    ISBN 978-65-250-4924-3
	
	    1. Jornalismo. 2. Ditadura – Brasil, 31 de março, 1964. 3. Governo militar – Brasil. I. Título. II. Série.
	
	                                                           CDD – 070.09

Livro de acordo com a normalização técnica da ABNT

Appris
editora

Editora e Livraria Appris Ltda.
Av. Manoel Ribas, 2265 – Mercês
Curitiba/PR – CEP: 80810-002
Tel. (41) 3156 - 4731
www.editoraappris.com.br

Printed in Brazil
Impresso no Brasil

Juliana Gagliardi

MEDIANDO A "REVOLUÇÃO"
A COBERTURA DOS ANIVERSÁRIOS DO GOLPE NA DITADURA MILITAR

FICHA TÉCNICA

EDITORIAL	Augusto V. de A. Coelho
	Sara C. de Andrade Coelho
COMITÊ EDITORIAL	Marli Caetano
	Andréa Barbosa Gouveia - UFPR
	Edmeire C. Pereira - UFPR
	Iraneide da Silva - UFC
	Jacques de Lima Ferreira - UP
SUPERVISOR DA PRODUÇÃO	Renata Cristina Lopes Miccelli
ASSESSORIA EDITORIAL	Priscila Oliveira da Luz
REVISÃO	Bruna Fernanda Martins
PRODUÇÃO EDITORIAL	William Rodrigues
DIAGRAMAÇÃO	Yaidiris Torres
CAPA	Sheila Alves
REVISÃO DE PROVA	William Rodrigues

COMITÊ CIENTÍFICO DA COLEÇÃO CIÊNCIAS DA COMUNICAÇÃO

DIREÇÃO CIENTÍFICA Francisco de Assis (Fiam-Faam-SP-Brasil)

CONSULTORES

Ana Carolina Rocha Pessôa Temer
(UFG-GO-Brasil)

Antonio Hohlfeldt
(PUCRS-RS-Brasil)

Carlos Alberto Messeder Pereira
(UFRJ-RJ-Brasil)

Cicilia M. Krohling Peruzzo
(Umesp-SP-Brasil)

Janine Marques Passini Lucht
(ESPM-RS-Brasil)

Jorge A. González
(CEIICH-Unam-México)

Jorge Kanehide Ijuim
(Ufsc-SC-Brasil)

José Marques de Melo
(*In Memoriam*)

Juçara Brittes
(Ufop-MG-Brasil)

Isabel Ferin Cunha
(UC-Portugal)

Márcio Fernandes
(Unicentro-PR-Brasil)

Maria Aparecida Baccega
(ESPM-SP-Brasil)

Maria Ataíde Malcher
(UFPA-PA-Brasil)

Maria Berenice Machado
(UFRGS-RS-Brasil)

Maria das Graças Targino
(UFPI-PI-Brasil)

Maria Elisabete Antonioli
(ESPM-SP-Brasil)

Marialva Carlos Barbosa
(UFRJ-RJ-Brasil)

Osvando J. de Morais
(Unesp-SP-Brasil)

Pierre Leroux
(Iscea-UCO-França)

Rosa Maria Dalla Costa
(UFPR-PR-Brasil)

Sandra Reimão
(USP-SP-Brasil)

Sérgio Mattos
(UFRB-BA-Brasil)

Thomas Tufte
(RUC-Dinamarca)

Zélia Leal Adghirni
(UnB-DF-Brasil)

Dedico este livro à Dora e à Tainá, minhas filhas, que ainda não estavam aqui quando ele foi escrito, mas que, na minha vida, deram sentido mesmo ao que as precedeu.

AGRADECIMENTOS

Registro meu profundo agradecimento ao Afonso de Albuquerque, que orientou integralmente esta pesquisa, a primeira de tantas outras que temos desenvolvido. Não tenho dúvidas de que com ele aprendi a observar mais profundamente, encontrando complexidade no que parece simples à primeira vista. Orientador dedicado, crítico atencioso e, sobretudo, um grande incentivador dos seus alunos, que vê neles pesquisadores com os quais dialoga horizontalmente e respeitosamente. Ainda que eu não possa retribuir todo esse tempo de aprendizagem, registro o meu permanente reconhecimento.

Agradeço também ao Marco Roxo, professor e amigo de generosidade ímpar, cujas orientações muito têm contribuído para as minhas pesquisas.

Agradeço ao Fernando Lattman-Weltman, uma referência na minha área, por suas valiosas contribuições na banca que avaliou este trabalho.

Agradeço ao Fernando Resende, pelas importantes sugestões e críticas construtivas que direcionou a esta pesquisa na banca de qualificação, mas também pelas disciplinas nas quais foi meu professor durante o mestrado e que me despertaram para outros olhares possíveis na comunicação política.

Agradeço a todos os docentes e funcionários do Programa de Pós-Graduação em Comunicação da Universidade Federal Fluminense, no qual ele foi desenvolvido.

Agradeço especialmente ao Conselho Nacional de Desenvolvimento Científico e Tecnológico (CNPq) e à Fundação de Amparo à Pesquisa do Estado do Rio de Janeiro (Faperj), importantes e indispensáveis instituições de fomento à pesquisa no Brasil, atuando mesmo nos contextos políticos menos propícios no país, pelo financiamento sem o qual este trabalho não teria sido realizado.

APRESENTAÇÃO

Este livro é fruto da pesquisa de mestrado que desenvolvi no Programa de Pós-Graduação em Comunicação da Universidade Federal Fluminense entre 2009 e 2011, sob orientação do professor Afonso de Albuquerque.

Inicialmente, quando ainda era um projeto, a intenção de minha pesquisa era observar o papel da grande imprensa na construção da imagem de Tancredo Neves, na redemocratização brasileira. Ao longo do processo, estudando as referências que abordavam a redemocratização, tudo me apontava, contudo, ainda para o período da ditadura, particularmente para o governo Geisel. Após o amadurecimento das minhas perguntas e muito diálogo com o meu orientador, encontramos na cobertura dos aniversários do golpe uma ocasião privilegiada para falar sobre o papel do jornalismo na ditadura e na redemocratização do Brasil.

Durante o primeiro ano da pesquisa, mantive idas frequentes à Biblioteca Nacional do Rio de Janeiro, uma vez que, naquela época, o acervo do jornal *O Globo* não estava ainda disponível on-line. A consulta foi feita a partir de microfilmes depositados no acervo de periódicos daquela instituição. Também foi necessário fazer algumas visitas ao arquivo do jornal *O Globo*, pois alguns exemplares da década de 1980 não estavam disponíveis na Biblioteca Nacional.

Esta pesquisa gerou também dois artigos publicados anteriormente, além de ter sido apresentada em congressos e encontros de Comunicação e História. Agora sai publicada na íntegra.

PREFÁCIO

"A história se repete: a primeira vez como tragédia, a segunda como farsa". A célebre frase, elaborada por Karl Marx em seu livro *O Dezoito de Brumário*, poucas vezes fez tanto sentido quanto para dar conta do governo do presidente Jair Messias Bolsonaro e sua nostalgia pela ditadura militar que vigorou no Brasil entre 1964 e 1985. A ascensão de Bolsonaro à presidência pegou de surpresa os pesquisadores brasileiros, de múltiplas áreas de conhecimento. Até muito recentemente, tinha-se por certo que, a despeito dos seus muitos problemas, a democracia brasileira era uma conquista assegurada e, portanto, a agenda da pesquisa deveria estar comprometida com o seu aperfeiçoamento. Tomadas conjuntamente, a confiança na solidez das instituições políticas e a esperança de que o futuro haveria de ser mais brilhante cegaram os pesquisadores para a possibilidade de um retrocesso tão notável quanto o que o país experimenta hoje.

Na contramão dessa tendência, o livro de Juliana Gagliardi apresenta uma importante contribuição para que possamos entender os dilemas que se apresentam, hoje, no cenário político brasileiro. Originalmente escrito em 2010, como uma dissertação de mestrado que tive a honra de ser orientador, o texto revisita um tema que, em face de sua enorme importância, tem sido subexplorado pela literatura acadêmica: a relação da mídia tradicional com o regime militar no Brasil, tendo como objeto os editoriais de *O Globo* relativos à comemoração do golpe de 31 de março de 1964 – ou, na linguagem da época, "Revolução de 1964".

As razões para esse esquecimento são, por certo, múltiplas. Em parte, o tema parece superado – em 31 de agosto de 2013, *O Globo* publicou um editorial afirmando que "o apoio ao golpe de 2013 foi um erro". De outra parte, o tema soa inadequado do ponto de vista de uma agenda acadêmica que tem na defesa do jornalismo um ponto de honra – um ponto associado à luta histórica pela manutenção da obrigatoriedade do diploma específico para a prática profissional do jornalismo –, dado que, para além da censura direta exercida por agentes ligados ao regime militar, e gestos de efetiva resistência praticados nas redações dos grandes jornais, elementos nada heroicos como a dinâmica da autocensura e da colaboração aberta com o regime também foram muito marcantes. De resto, com exceções pontuais, os estudos sobre a

Comunicação no Brasil se caracterizam por um enorme apreço pela novidade e pouca atenção à dimensão histórica dos fenômenos analisados.

A importância da atenção ao passado se tornou por demais evidente para dar conta dos eventos ocorridos nos últimos anos. O primeiro ponto a se destacar aqui é que, se é verdade que Bolsonaro mantém, hoje, relações muito hostis com a imprensa tradicional brasileira, esta desempenhou um papel determinante para a sua chegada ao poder. De fato – a lógica da farsa ganha, no Brasil, requintes de crueldade – em 31 de agosto de 2016, exatamente três anos depois de *O Globo* publicar o editorial em que se arrependia do apoio ao golpe de 1964, deu-se o ato final do golpe parlamentar – por meio de uma votação do Senado Federal – que pôs fim ao governo da presidenta Dilma Rousseff. A votação do *impeachment* representou o coroamento de um esforço sistemático de desestabilização das instituições políticas, cujo objetivo último era o de romper com o ciclo de governos petistas por meios extraeleitorais, que contou com a participação ativa da imprensa tradicional e d'*O Globo*, em particular. Esses agentes tiveram um papel determinante, também, na legitimação da prisão do ex-presidente Luiz Inácio Lula da Silva, após condenação em segunda instância, contrariando a Constituição Federal. Franco favorito a vencer as eleições presidenciais de 2018, sua prisão abriu caminho para a vitória de Bolsonaro, que, com seu discurso antissistema, beneficiou-se da crise de credibilidade das instituições republicanas.

Um aspecto complementar do problema diz respeito ao apelo nostálgico de Bolsonaro ao período da ditadura militar. O ponto a se destacar, aqui, é que, durante o período ditatorial, as forças armadas sempre estiveram divididas no seu posicionamento relativo a diversos tópicos: entre o alinhamento automático com os Estados Unidos e uma postura mais agressiva, entre o autoritarismo como meio ou como fim, entre perspectivas econômicas mais liberais ou estatistas, quanto ao alcance e à intensidade dos métodos de repressão política, dentre muitos outros. Para além dessas diferenças, contudo, em seus discursos comemorativos da "Revolução" de 1964 sempre enfatizam o compromisso do regime com a manutenção da paz, estabilidade e segurança, que seriam ameaçadas por forças subversivas. Nota-se uma intensa preocupação com a manutenção das aparências, que parece totalmente ausente do discurso bolsonarista. Bolsonaro traz para o palco aquilo que o regime militar se esforçou arduamente para manter nos bastidores.

É, pois, impossível compreender adequadamente o bolsonarismo e seu apelo nostálgico à ditadura militar sem ter em vista o regime que lhe serviu de inspiração. É nesse aspecto que o livro de Juliana Gagliardi se revela como uma contribuição fundamental. Tão surpreendente quanto isso possa parecer, uma década depois da publicação da sua primeira versão, como dissertação de mestrado, o livro se tornou ainda mais atual e relevante. Fugindo dos binarismos que opõem "filhos das trevas" a "filhos da luz", a autora mostra a complexidade da relação entre jornalistas e as autoridades do regime militar. Num contexto em que diferentes facções disputavam ferozmente, entre si, o protagonismo para definir a natureza do regime – ao mesmo tempo que negavam enfaticamente a existência de qualquer divisão entre as forças armadas –, mesmo a decisão aparentemente segura de cooperar com o regime trazia seus riscos. Afinal, ao apoiar um determinado agente do regime, corria-se o risco de desagradar seus competidores.

O livro explora de forma brilhante o modo como forças centrípetas e centrífugas que atuavam no regime militar afetaram o seu esforço de legitimação, e o esforço que *O Globo* e seus jornalistas fizeram para se adaptar a uma situação instável, cujas regras eram tudo menos claras. Em seu primeiro capítulo, ele explora o esforço de institucionalização e legitimação de um regime que resultou de uma ruptura da ordem institucional, tendo especial atenção para o papel que as datas comemorativas desempenharam nesse sentido.

O capítulo seguinte apresenta um esforço de construção de um marco conceitual capaz de dar conta do modo como os jornalistas desenvolvem seu ofício em contextos não democráticos, uma tarefa particularmente desafiadora considerando-se que a literatura tendeu, historicamente, a tomar como dadas as condições existentes nos Estados Unidos para a prática do jornalismo. Finalmente, o último capítulo analisa a cobertura de *O Globo* à comemoração dos sucessivos aniversários da "Revolução" entre 1965 e 1985. Para além do conteúdo das matérias do jornal, o livro analisa as diferentes estratégias comunicativas adotadas pelo jornal no trato do tema e identifica o material analisado em seis categorias: entrevista, reprodução, citação, notícia factual, comentário e notícia interpretativa. Com base nelas, mostra a evolução do tratamento do tema no período. A autora mostra como ele evoluiu de uma postura mais passiva, numa fase inicial, para uma atitude mais interpretativa, na qual o jornalista podia assumir uma voz própria, a partir do processo de "abertura democrática".

Tanto pelo valor de atualidade quanto pela abordagem inovadora que faz da relação entre jornalistas e autoridades políticas em um contexto autoritário, o livro de Juliana Gagliardi é uma leitura instigante e fundamental.

Afonso de Albuquerque

Professor titular do curso de Estudos de Mídia da Universidade Federal Fluminense

SUMÁRIO

INTRODUÇÃO 17

CAPÍTULO 1
LEGITIMANDO A "REVOLUÇÃO" 23
   O REGIME MILITAR 24
   1.1 Institucionalizando a "Revolução" 27
   1.2 Legitimando a "revolução" 33
   1.3 A dimensão simbólica do regime militar 35
   1.4 Comemorando o regime: os aniversários da "Revolução".........36
   1.5 Ritual militar, ritual político...............................41
   1.6 Situando a "Revolução"..47

CAPÍTULO 2
ALÉM DO MODELO LIBERAL:
O JORNALISMO NO REGIME MILITAR 51
   2.1 Limitações da bibliografia sobre a imprensa no regime militar.................53
   2.2 O modelo liberal 60
   2.3 Ambiguidades do "fazer jornalístico"..........................67

CAPÍTULO 3:
MEDIANDO A "REVOLUÇÃO": AS NARRATIVAS DE *O GLOBO*
SOBRE OS ANIVERSÁRIOS DO GOLPE MILITAR 73
   3.1 A cobertura de um ritual: o jornal como agenda e como anais.................75
   3.2 Olhando para a narrativa: categorias jornalísticas em *O Globo*.................78
   3.3 Eixo diacrônico: a notícia interpretativa.....................97
   3.4 As diferentes vozes no jornal 100
      3.4.1 O jornalista se apresenta: adesão, afastamento, análise 104

CONSIDERAÇÕES FINAIS 115

REFERÊNCIAS 119

INTRODUÇÃO

No dia 31 de março de 1965 um novo ritual político se estabeleceu. A ordem do dia do ministro da Guerra e o discurso do presidente da República inauguraram, no primeiro ano do regime militar, a comemoração anual dos aniversários da então chamada "revolução" de 1964, e, consequentemente, do regime político estabelecido. Essa data foi especial, sobretudo, porque o próprio governo celebrava publicamente o modelo político que havia instituído no ano anterior por meio de um golpe de estado, constituindo-se numa ocasião privilegiada em que o próprio regime falava de si, o que não era comum mesmo no âmbito das estratégias de propagandas patrocinadas pelo governo. As solenidades em que cada presidente discursou não eram ocasiões em geral abertas ao público. Assim como as ordens do dia, que eram lidas nas dependências das Forças Armadas. Mas esses pronunciamentos tornavam-se públicos por serem divulgados na íntegra pelos jornais.

A existência dessas cerimônias atendia, por um lado, a tradição de uma instituição altamente simbólica de definir o seu papel – a instituição militar. Por outro lado, teve a finalidade de explicar e justificar a ocorrência do movimento de ruptura que atingiu o Estado brasileiro e a sua continuidade. Ainda que não se possa explicar de que forma esse ritual atuou de fato e que reações provocou no imaginário social da época, não há dúvidas quanto aos esforços de legitimação dos personagens que falam e deixam certas pistas registradas em seus discursos nos jornais. Os discursos emitidos pelos militares, praticamente sem fazer menções diretas a outros governos com exceção de um que aparece sempre – João Goulart, que é exaustivamente posto como culpado –, são construídos a partir de uma entonação de legitimação.

Já no dia 30 de março de 1965, *O Globo* mencionava em oito das suas páginas as comemorações da "revolução". A partir de então, as solenidades se tornaram regulares e, embora em diferentes escalas, ocorreram ao longo de todos os anos do regime militar e foram, especialmente durante a vigência da ditadura, transformadas em notícias nos jornais. É necessário ressaltar que as cerimônias que mereceram a atenção do jornal não eram unificadas, mas sim múltiplas. Não estavam tampouco concentradas apenas no Rio de Janeiro ou eram concebidas sempre como nacionais, nem se referiam apenas aos altos cargos do governo e do Exército. Títulos como *Missa Solene na Candelária pelo 1.º Aniversário da Revolução*; *O País em Festa Chega ao Auge da Comemoração do Aniversário da Revolução;*[1] *Alagoas e o Pará Aplaudem a Revolução de 31 de Março* e *Opina o povo sobre a Revolução*[2] ilustram esse aspecto múltiplo das cerimônias. No entanto, para este trabalho serão consideradas as notícias de cunho mais nacional, veiculadas na maioria das vezes com chamadas também na primeira página e que abordavam, geralmente, os momentos em que estiveram presentes o presidente e altos cargos de seu ministério. Essa escolhe foi feita por questões de tempo e de organização e por julgarmos que essas matérias oferecem um campo fértil de pesquisa e a possibilidade de uma comparação mais linear e regular ao longo dos anos. Nessas ocasiões foram, portanto, realizadas missas e cerimônias civis favoráveis ao regime em vigor, mas as solenidades oficiais em que ocorriam discursos dos presidentes e as leituras das ordens do dia dos ministros militares, lembrando e reafirmando a manutenção dos ideais que norteavam o movimento de 1964, eram ressaltadas.

O Globo, como outros jornais, foi responsável pela criação de um espaço público – num período em que era muito visível o cerceamento imposto aos posicionamentos políticos – em que a política acontecia, mas veladamente. Assim, *O Globo* reafirmava-se como um espaço de mediação entre a sociedade e o Estado, transformando esses eventos em notícias anualmente, exaustivamente. Apesar de noticiados sempre pela imprensa, os aniversários do movimento militar seguiram estrutura semelhante: ordens do dia dos ministros militares, discurso do presidente da República. Esse material é um recorte privilegiado de um ritual político num período autoritário. E permite, mesmo que não fosse o intuito dos militares ao se pronunciarem, perceber as ambiguidades do regime militar brasileiro. Como mediadora que não é passiva, nem é a única em ação, cabe ressaltar, a imprensa teve (e tem) o papel fundamental não só de representar um espaço em que a política acontecia publicamente, mas de fornecer estruturas de visão de mundo (SCHUDSON, 1993). Portanto, analisar o modo pelo qual se constrói o jornalismo é muito relevante porque se pode

---

[1] Este título e o anterior se referem a matérias publicadas no dia 30 de março de 1965, nas páginas 3 e 9.

[2] Este título e o anterior se referem a matérias publicadas no dia 31 de março de 1965, nas páginas 3 e 11.

perceber concretamente, por uma análise de narrativa, particularidades do período, mesmo aquelas que o jornalista, ao escrever, não teve a intenção de ressaltar. Ao mesmo tempo, o jornalista, ao escrever, fala muito do seu próprio trabalho, dos graus de autonomia e de autoridade de que dispõe e da posição e funções que assume – ora atuando como um "copiador", que registra o que vê eximindo-se (sabe-se que a objetividade não é possível e que o posicionamento político se expressa de múltiplas formas, mas são considerados neste trabalho dois momentos de forma comparativa) de emitir diretamente opiniões; ora apresentando-se como um analista político que oferece ao leitor uma interpretação daquilo que vê.

Muito já se discutiu sobre as enormes dificuldades de se fazer jornalismo, especialmente o político, em períodos de censura sistemática. Em geral a atuação da imprensa nesse período é vista a partir de duas perspectivas: a censura e a adesão. Sobre a repressão e a restrição à liberdade de imprensa, já se sabe. Mas como a mídia atuou nesse período? Que estratégias os jornalistas adotaram para atuar e sobreviver em meio a um contexto tão ambíguo em que a própria instituição militar era fissurada e em que não se sabia exatamente a que grupo se deveria apoiar e em meio a medidas ora de abertura, ora de fechamento, em que não se poderia ter certeza de que rumos o regime tomaria? Em outras palavras, num contexto em que governantes adeptos de orientações políticas distintas se revezaram, arrochando ou afrouxando as liberdades, num movimento pendular intensificado nos anos de distensão com medidas que ficaram conhecidas como *sístoles* e *diástoles*,[3] *ser adesista* significava aderir a quê? Se nem mesmo essa fissura do projeto político e social dos militares era declarada – embora fosse clara – torna-se muito difícil definir com precisão de que adesão se falava.

Por essas discussões, que permanecem abertas, julga-se que a corrente dicotomia de olhar que se impõe aos jornais que atuaram entre os anos 60 e 80, que os separa entre aqueles que por um lado *apoiaram* a ditadura e aqueles que, por outro lado, *opunham-se* a ela, não é capaz de responder a um contexto tão complexo. Não há dúvidas de que o jornal *O Globo* simpatizava com a ditadura. No entanto, parte-se do pressuposto de que julgá-lo simplesmente como governista simplifica em vez de tornar complexa a discussão, e de que esse jornal merece estudos mais aprofundados que não tenham como pressuposto o intuito de corroborar essa visão dicotômica. Há evidências que nos permitem desconfiar dessa visão simplista, como

---

[3] O primeiro emprego da expressão "sístoles e diástoles" é atribuído ao general Golbery do Couto e Silva em estudo de sua autoria sobre a Segurança Nacional (CHAUÍ; NOGUEIRA, 2007).

a conhecida presença de diversos jornalistas comunistas nos quadros de funcionários d'*O Globo* (ALBUQUERQUE; SILVA, 2009), que à época já era um dos jornais mais difundidos no país, fazendo parte do que se convencionou chamar de a *grande imprensa*, o que nos permite considerá-lo como um veículo importante na interação entre a política e a sociedade. Além disso, é um jornal pouco estudado ao ser precipitadamente considerado um jornal de apoio aos governos militares, enquanto há uma tendência de se optar pelo estudo dos veículos que se opuseram ao regime. O ponto é que mesmo sendo um jornal simpático ao golpe e aos presidentes que o sucederam o jornal merece ser estudado, justamente para que se possa "des-ocultar" e analisar que estratégias a imprensa utilizava para se posicionar politicamente e buscar, assim, a adesão do público.

Nesse sentido, esta pesquisa pretende discutir de que forma a mídia se comporta quando inserida num contexto autoritário a partir da cobertura que concede a um ritual militar que fala essencialmente do regime político em questão. Como esse ritual político pode ser de fato importante para a incursão na política desse período? E, ainda, como os jornalistas estabelecem o seu próprio papel quando restringidos pela censura? As hipóteses centrais são de que o ritual de aniversário do golpe militar de 64 é, sim, relevante para se pensar o governo militar e, paralelamente, de que apesar de *O Globo* ser previamente classificado como um veículo da "grande imprensa" governista e embora a categoria opinião esteja inegavelmente presente em seu discurso, há momentos em que o papel que seus jornalistas se atribuem, quanto à interpretação do contexto político, muda. Assim, a pesquisa abre espaço para que se observe por um lado o discurso que os militares faziam de si em oposição à realidade política, e, por outro, a função que os jornalistas demonstravam assumir nesse meio. Para isso, o presente trabalho está dividido em três capítulos.

Com o primeiro se deseja explicar as condições políticas em que o jornalismo se exerceu. Tendo o regime militar como ponto de partida, busca-se demonstrar que a dimensão simbólica foi uma alternativa para os militares de criarem legitimidade para o regime mediante, por exemplo, os discursos de coesão e democracia, já que a "ditadura" nunca foi assumida por eles. Essa dimensão simbólica ajuda a esclarecer a junção de dois discursos: sobre o regime e sobre a instituição militar.

O segundo capítulo tem o objetivo de discutir o exercício do jornalismo no contexto exposto no capítulo anterior. A partir da identificação de um modelo liberal de comportamento da imprensa nesse período, que foi naturalizado, e a partir da crítica à bibliografia sobre o assunto, que reforça os paradigmas que constituem esse modelo, busca-se ressaltar a complexidade do fazer jornalístico no período mencionado, que vai além da censura e da opinião.

O terceiro capítulo é destinado à discussão em torno do objeto particular, empírico – as matérias do jornal *O Globo* selecionadas entre 1964 e 1984. A análise do jornal tem o fim de tornar visíveis as críticas e propostas apresentadas no segundo capítulo por meio da apresentação da percepção das diversas categorias jornalísticas que coexistem no jornal, que, embora ambíguas, não se excluem e representam sinais que, mesmo produzidos inconscientemente, permitem compreender o trabalho jornalístico a partir do que há de concreto em seu produto – o texto.

CAPÍTULO 1

LEGITIMANDO A "REVOLUÇÃO"

Não há crise política no governo.
(Arthur da Costa e Silva, 1966)[4]

A coesão das Forças Armadas garante a obra revolucionária.
(Ernesto Geisel, 1976)[5]

Durante a ditadura militar, e mesmo após seu término, o dia 31 de março, aniversário do golpe, foi sempre comemorado e coberto pelos grandes jornais nacionais. No entanto, as solenidades ocorridas nessa data foram pouco estudadas. O objetivo deste capítulo é mostrar por que é relevante estudar o 31 de março, o que estava em jogo e o que se expressava nesse ritual.

Uma tentativa clara de o regime buscar sua legitimidade, não só enquanto governo, tendo em vista o início de uma ditadura, mas enquanto instituição que, uma vez no poder, precisava se institucionalizar, o ritual em questão representou uma ocasião de produção de sentido privilegiada, já que era a única em que o governo mencionava e discutia clara e diretamente o regime. Esse espaço de produção de sentido era, portanto, especial para o equilíbrio das contradições inerentes ao novo regime político.

Este capítulo parte da contextualização do período e suas contradições para chegar à dimensão simbólica, expressa no ritual de 31 de março, como uma alternativa do regime para criar legitimidade para sua permanência no poder por meio de um discurso, por exemplo, de coesão tanto do regime quanto da instituição militar.

---

[4] Fala do general Arthur da Costa e Silva reproduzida em *O Globo*, no dia 31 de março de 1966 (p. 19).

[5] Fala do general Ernesto Geisel reproduzida em *O Globo*, no dia 1.º de abril de 1976 (p. 1).

O Regime Militar

O golpe militar de 1964 estabeleceu uma ruptura ao iniciar uma ditadura após um breve período de governos democráticos no Brasil. Ao mesmo tempo que foi ruptura, representou a continuidade de uma prática intervencionista das Forças Armadas na política presente desde 1945,[6] mas com uma novidade: além de intervirem, os militares, dessa vez, mantiveram-se no poder. O que aconteceu em 1964 foi o desfecho de uma crise materializada mais diretamente a partir de agosto de 1961 quando, sem uma explicação clara e satisfatória, Jânio Quadros renunciou à presidência da República. A tensão potencial era, na realidade, mais antiga do que isso. Remontava ao que parecia ser para alguns (em especial para as classes médias) o retorno do "fantasma" de Getúlio Vargas e do projeto nacional – estatista, que já haviam motivado em 1954, por exemplo, a crise que envolveu as Forças Armadas, além de setores civis,[7] e que, em meio a um clima pesadamente golpista, culminou no suicídio daquele presidente. João Goulart havia sido ministro do Trabalho de Vargas por mais ou menos oito meses. Para ele, conta-se que Getúlio entregou uma cópia de sua carta testamento na reunião ministerial que convocou, em meio à crise política, na noite de 23 de agosto, pouco antes de cometer suicídio.[8] Jango tornou-se, simbolicamente, seu herdeiro político e lhe foi atribuída a imagem de continuador de Vargas e de sua política de intervenção nas relações de trabalho, justiça social e de oposição ao capitalismo liberal irrestrito.

Por essas razões, a ascensão do vice-presidente eleito em 1961 já se iniciou por uma crise. O clima era golpista dentro das Forças Armadas com a manifestação dos três ministros militares. Cogitou-se tentar retardar, ou mesmo impedir, a volta de Jango da visita oficial que fazia à China e, em maior escala, a sua posse. A reação legalista, no entanto, emergiu representada pelo então governador do Rio Grande do Sul, Leonel Brizola, com

---

[6] Em 1945 a era Vargas foi interrompida com a intervenção das Forças Armadas que depuseram Getúlio.

[7] Conforme Maria Celina D'Araújo, além do *manifesto dos coronéis*, de fevereiro de 1954, que criticava a política econômica e trabalhista de Vargas e pedia o fortalecimento das Forças Armadas, no Congresso, em junho daquele ano, foi votado o *impeachment* de Vargas, embora tenha sido rejeitado por larga margem. Ver: D'Araújo, Maria Celina. *A herança de Vargas*: a crise de 1954 e a carta-testamento. Disponível em: http://cpdoc.fgv.br/producao/dossies/Jango/artigos/NoGovernoGV/A_heranca_de_Vargas. Acesso em: 22 jul. 2010.

[8] *Idem.*

apoio do III Exército,[9] e contribuiu decisivamente para garantir a posse de Jango, em 7 de setembro,[10] embora num modelo parlamentarista – e, portanto, limitador do poder do presidente – adotado para conter os ânimos dos opositores. Foi a partir de janeiro de 1963, após o plebiscito que não referendou o parlamentarismo e possibilitou o retorno ao sistema presidencialista, que o clima voltou a se radicalizar. Ao mesmo tempo que tomavam forma os projetos das reformas de base programadas pelo governo Goulart – que incluíam a concretização da reforma agrária e da reforma eleitoral com concessão de voto aos analfabetos, por exemplo –, o Congresso, formado por maioria conservadora, empenhava-se em rejeitar suas propostas, que não eram aprovadas. Em face disso e da demanda de seus partidários por uma definição quanto às reformas, o presidente decidiu liderar uma campanha popular para pressionar o Congresso a liberar esses projetos. Nesse contexto, ocorreu o comício da Central do Brasil, em 13 de março de 1964, que concentrou, no Rio de Janeiro, cerca de 150 mil entusiastas das reformas de base. Seis dias depois, em reação, ocorreu a primeira *Marcha da Família, com Deus, pela Liberdade* em São Paulo, que congregava setores da classe média, especialmente do clero e de entidades femininas, favoráveis à deposição do presidente. A essa passeata seguiram-se várias outras homônimas, predominantemente no estado de São Paulo, mas também no Rio de Janeiro, em Minas Gerais, e em outros estados.[11] Esses eventos combinados foram usados pelos militares como garantias do que argumentaram ser o caos político e social no país e, sob essas justificativas, declararam sua autoridade moral e seu papel legítimo de reconstrutores da ordem.

Embora tenham evocado precisamente o caos político nacional, alguns fatores demonstram que essa não era a única motivação para a ruptura. Paralelamente, a revolta dos sargentos, em 12 setembro de 1963, motivada pela decisão do Supremo Tribunal Federal de manter inelegíveis[12] para o

---

[9]   Sediado em Porto Alegre, o III Exército, mesmo em fins da década de 1960, contava com o maior efetivo do país e era um dos mais bem equipados. Nessa mesma época eram o III e o I (RJ) Exércitos os mais importantes do país. A importância histórica do primeiro estava em muito associada à fronteira com a Argentina, país com o qual o Brasil já havia se confrontado (STEPAN, 1975).

[10]   Curiosamente data cara aos militares, em que ocorrem geralmente comemorações em homenagem ao aniversário da independência do país (1822).

[11]   As marchas aconteceram predominantemente nos estados de São Paulo, Rio de Janeiro e Minas Gerais. Mas houve também no Paraná, Alagoas, Distrito Federal, Pernambuco, Piauí e Goiás.

[12]   A Constituição de 1946 previa a inelegibilidade para os que desempenhassem determinados cargos meses antes da eleição: Ato das Disposições Constitucionais Transitórias Art. 11, §7.º. Disponível no site da Presidência da República: http://www.planalto.gov.br/ccivil_03/constituicao/Constitui%C3%A7ao46.htm. Acesso em: 25 jul. 2010.

Legislativo sargentos eleitos; a revolta dos marinheiros, em 25 de março de 1964, motivada pela ordem de prisão emitida pelo ministro da Marinha, Silvio Mota, em razão de uma reunião da Associação dos Marinheiros e Fuzileiros Navais,[13] que era considerada ilegal, e o posicionamento de Goulart, que anistiou os marinheiros, fizeram com que os dirigentes das Forças Armadas argumentassem que o presidente não respeitava e queria inverter a hierarquia, dimensão que assume importância fundadora na instituição militar. No dia 30 seguinte, Jango discursou como convidado de honra numa reunião da Associação de Sargentos e Suboficiais da Polícia Militar, no Automóvel Clube do Brasil. Esse discurso foi transformado na gota d'água para o movimento militar que se iniciou no dia seguinte em Minas Gerais. A partir desses dois eventos, é possível perceber que além do argumentado caos social e político havia questões tocantes à organização institucional das Forças Armadas que tiveram grande peso desde o princípio na detonação do movimento. No dia primeiro de abril, o presidente se deslocou do Rio para Brasília e, no dia seguinte, para Porto Alegre, por onde deixou o Brasil. Também no dia 2, o Congresso declarou vaga à Presidência da República e empossou, de acordo com a Constituição, o presidente da Câmara dos Deputados, Pascoal Ranieri Mazzilli.

Antes que o general Humberto de Alencar Castelo Branco tomasse posse no cargo, indicado pelos líderes do movimento que depôs Jango, o *Comando Supremo da Revolução*,[14] liderado pelo general Arthur da Costa e Silva – posteriormente ministro da Guerra do governo que se iniciava –, foi decretado o Ato Institucional,[15] que conferia ao presidente a possibilidade de cassar mandatos e suspender direitos políticos até o dia 15 de junho de 1964. No, entanto, o poder de cassar mandatos eletivos seria estendido por força do Ato Institucional n.º 2,[16] até 15 de março 1967 e do Ato Institucional n.º 5,[17] por período indeterminado.

---

[13] José Anselmo dos Santos, o "cabo Anselmo", líder da revolta, no início da reunião defendeu a realização das reformas de base propostas por João Goulart. LAMARÃO, Sérgio. *A revolta dos marinheiros*. Disponível em: http://cpdoc.fgv.br/producao/dossies/Jango/artigos/AConjunturaRadicalizacao/A_revolta_dos_marinheirs. Acesso em: 29 ago. 2010.

[14] Formado pelo general Arthur da Costa e Silva, pelo almirante Augusto Hamann Rademaker Grünewald e pelo brigadeiro Francisco de Assis Correia de Melo.

[15] Ato Institucional que, posteriormente, quando outros vieram, ficou conhecido como de n.º 1.

[16] O Ato Institucional n.º 2 foi decretado em 27 de outubro de 1965.

[17] O Ato Institucional n.º 5 foi decretado em 13 de dezembro de 1968.

1.1 Institucionalizando a "Revolução"

> *E a Nação bem se lembra de que foi chamar os seus soldados dos*
> *quartéis para dizer o "basta" e o "fora" ao cinismo e à insensatez, à*
> *audácia e à anarquia, à desonestidade, ao despudor, ao desgoverno, à*
> *desagregação.*
>
> *(Médici, 31 de março de 1970)*

Consumada a deposição de Goulart, reunido o Comando Supremo da Revolução, os militares responsáveis pela liderança da "revolução" de 64 depararam-se com o problema de como proceder. Não havia planos de governo rigorosamente estabelecidos (FICO, 2004, p. 74; KINZO, 1988), não havia sido acordado anteriormente quem assumiria a presidência, nem mesmo um líder único havia sido escolhido até o dia em que foi detonado o movimento.[18] Personalidades e grupos muito distintos se uniram, muitos só com o intuito de retirar Jango, sem um denominador comum sobre o que se deveria fazer depois.

Essa existência de frentes tão diversas, mesmo dentre as favoráveis ao golpe, ajuda a compreender o contexto ambíguo e particular em que se construiu o regime militar brasileiro. Já o primeiro presidente não foi escolha unânime dentre os próprios militares. Costa e Silva, por exemplo, foi, num primeiro momento, contrário à sua posse, argumentando que o Comando Supremo da Revolução deveria permanecer em funcionamento por mais algum tempo. Essa opinião provavelmente tinha relação com os distintos interesses entre dois dos grupos heterogêneos engajados no golpe. De um lado, representados por Castelo Branco, havia aqueles que desejavam apenas remover Goulart e devolver o poder a um governo civil; de outro lado, representado nesse momento por Costa e Silva, um processo mais profundo de "limpeza" política (REIS FILHO, 2000). Essa imagem bipolar está de certa forma ligada à gênese da ideia simplificada que divide a atuação das Forças Armadas no período entre dois lados: a ditadura e a "ditabranda". Embora alguns trabalhos acadêmicos já tenham questionado essa simplificação (MARTINS FILHO, 1996; ROUQUIÉ, 1991), a bipolarização ainda é corrente e ajuda a compreender também outra divisão comum imposta à história do regime militar que vê nesse período três fases definidas. A primeira delas como englobando o governo de Castelo Branco, que seria

---

[18] O general Costa e Silva se autointitulou líder do Comando Supremo da Revolução sob o argumento de que era o general mais antigo em exercício. Ainda assim, isso ocorreu quando estourou o movimento.

uma fase branda, de implementação do regime. A segunda englobaria os governos Costa e Silva e Médici, períodos conhecidos pela edição do AI-5 e pelo título de "anos de chumbo", em que a radicalização da repressão atingiu a tudo e a todos arbitrariamente. E a terceira fase, dos governos Ernesto Geisel e João Figueiredo, seria a fase de transição e de abertura em que o regime teria voltado a se abrandar enquanto se desarticularia lentamente. Esse modelo de análise tem, sem dúvida, importância metodológica ao permitir um olhar amplo e comparativo entre esses governos, desde que não se perca de vista que essa divisão não era estanque, ou seja, que cada um desses períodos foi cheio de ambiguidades e de características que poderiam estar a priori numa outra fase.

Embora divergentes quanto aos meios, às intensidades e aos significados que poderiam atribuir aos ideais, os grupos que integravam as Forças Armadas nos anos 1960 eram influenciados por conceitualizações comuns que remontam à breve experiência brasileira na Segunda Guerra Mundial, quando a Força Expedicionária Brasileira (FEB) lutou na Itália ao lado de oficiais norte-americanos.[19] A proximidade ali iniciada entre os combatentes nacionais e os americanos foi também responsável pela posterior impregnação especialmente no Exército brasileiro do ideal de "defesa nacional". Certamente a noção não foi apenas importada e aplicada no Brasil exatamente como existia nos Estados Unidos. A defesa nacional de que falavam os norte-americanos tinha estreita relação com ameaças externas que lhe pudessem atingir. No Brasil, a defesa nacional assumiu o caráter de uma luta contra os "inimigos internos" (ARQUIDIOCESE DE SÃO PAULO, 1985).

A Escola Superior de Guerra (ESG), criada em agosto de 1949 e subordinada ao Estado Maior das Forças Armadas, foi o espaço em que essas ideias se desenvolveram. Na ESG se originou a ideologia oficial do regime militar brasileiro, que foi chamada de Doutrina de Segurança Nacional (DSN). A DSN conduziu grande parte das ações dos governos militares que se seguiram sob o argumento de que "ameaças" à "segurança" justificariam o sacrifício de certas garantias por visarem a um bem maior. Essa doutrina era a base fundadora, por exemplo, do Serviço Nacional de Informações (SNI), órgão da presidência da República responsável por coordenar e supervisionar as atividades de informação, cuja elaboração, em junho de

---

[19] Antes mesmo da ida a Europa alguns militares brasileiros haviam cumprido estágios preparatórios em bases militares norte-americanas. KORNIS, Monica. *Castelo Branco*. Disponível no DHBB on-line: http://www.fgv.br/CPDOC/BUSCA/Busca/BuscaConsultar.aspx. Acesso em: 27 jul. 2010.

1964, é vinculada a Golbery do Couto e Silva. Tanto Golbery quanto Castelo Branco haviam passado por estágios em bases militares norte-americanas e estado nos campos de batalha da FEB. A DSN se materializou fortemente na Lei de Segurança Nacional (1967). Embora não tenha sido a única forma de concretizar aquela doutrina, já que ela "se espalhou por toda a legislação nacional e instituições de Estado", a Lei teve destacada importância – passou por modificações em 1969 e 1978, mas teve predominância sobre as outras leis, mesmo a Constituição (ARQUIDIOCESE DE SÃO PAULO, 1985), ainda que tenham sido inúmeros atos, decretos e aparatos legais que, produzidos em tamanha quantidade, foram posteriormente apelidados de "entulho autoritário".

Cabe lembrar que a estrutura do regime militar brasileiro não se resume à Doutrina de Segurança Nacional (CHIRIO, 2006) e que, como já mencionado, não foi uma simples materialização de influências norte--americanas, nem foi uma simples cópia de influência alguma. Partindo desse cuidado fundamental, faz sentido mencionar a influência francesa na formação de uma doutrina tão importante quanto a da segurança nacional no interior das forças armadas. A guerra revolucionária (guerre révolution-naire)[20], conforme ressaltou João Roberto Martins Filho, "extraía seu nome do fenômeno que visava combater" (MARTINS FILHO, 2008, p. 42). Tendo chegado à América Latina na segunda metade dos anos 1950, primeiro à Argentina, a doutrina foi observada no Brasil em 1959, a partir de uma palestra proferida na Escola Superior de Guerra pelo coronel Augusto Fragoso, intitulada "introdução ao estudo da guerra revolucionária". A base da doutrina era a de que o inimigo (a subversão) que se preparava para tomar o poder deveria ser combatido, mas o regime democrático, embora prezado, não permitia a prevenção nem a resposta necessária para combater a guerra revolucionária. Dessa forma, trazia subjacente a ideia de uma intervenção militar na sociedade (MARTINS FILHO, 2008).

Os ideais embutidos na doutrina da guerra revolucionária encontraram eco também fora das Forças Armadas.[21] Essa ação psicológica visando ao público externo foi, aliás, adotada paralelamente como parte da ação

---

[20] Baseada nos métodos de guerra que o Exército francês havia adquirido nas experiências de contraguerrilha durante os conflitos de descolonização da Indochina (correspondente a área que abriga hoje Camboja, Laos e Vietnam), desde o fim da década de 1940, e da Argélia (1954-1962).

[21] O general Castelo Branco chamou de *vivandeiras* aqueles que clamavam pela intervenção militar. Cabe lembrar o significado da palavra no Dicionário Aurélio Eletrônico (versão 3.0, novembro de 1999): "Mulher que vende mantimentos, ou que os leva, acompanhando tropas em marcha". O uso da palavra designaria, portanto, aqueles que procuravam os quartéis para "alimentar" o movimento.

golpista. O deputado federal Bilac Pinto, por exemplo, representante da bancada mineira da União Democrática Nacional (UDN) – partido que foi um dos pilares do apoio civil ao movimento de 64 –, incitava a opinião pública a reagir contra a pregação "subversiva" que dizia ocorrer no país.[22] Posteriormente, em 1970, o mesmo deputado foi nomeado, pelo presidente Médici, ministro do Superior Tribunal Federal (STF). Outro representante da UDN, Carlos Lacerda, que havia defendido o impedimento de Getúlio Vargas na década de 1950, feito duras críticas a Jânio Quadros em 1961, foi conhecido incentivador da intervenção militar em 1964.[23] Setores ligados à Igreja e à classe média em geral também viram com bons olhos o movimento que prometia afastar o "perigo" comunista e moralizar o país. Em razão disso, alguns analistas (REIS FILHO, 2000) vêm defendendo o uso do termo civil-militar para caracterizar a "revolução" de 64. Dizer que o golpe foi simplesmente militar contribuiria, de acordo com Reis Filho, para a visão dicotômica que demonizou os militares a partir de fins do regime e para o relutante desconforto que existe em admitir o apoio que lhe foi dado pela sociedade.

Espectros presentes durante todo o regime, os argumentos da segurança nacional e da contrarrevolução falavam originalmente de momentos excepcionais, mas foram encarados, naquele momento, como justificativas para uma guerra preventiva. No entanto, adotá-los como linha de governo para a condução de um país, ou seja, como regra, ainda que apoiada por muitos num primeiro momento, não poderia deixar de fazer emergir contradições e ambiguidades notáveis. Essas particularidades dos governos militares brasileiros resultaram, em grande parte das vezes, da dificuldade de conciliar um governo autoritário com a busca da legitimidade perante a sociedade não só internacional, mas nacionalmente. Já o primeiro Ato Institucional, editado pouco mais de uma semana após o golpe, afirmando que a "revolução [necessitava] de se institucionalizar", demonstrava esse conflito. Ao mesmo tempo que resolvia que a revolução poderia editar "normas jurídicas, sem que nisso [fosse] limitada pela normatividade anterior à sua vitória", argumentava que "para demonstrar que não [pretendia] radicalizar o processo revolucionário [decidiu] manter a Constituição de 1946". Assim, uma das vertentes das ambiguidades dos governos militares se relaciona com o já mencionado "entulho autoritário", não só por se tratar de artifícios que se confrontavam com a Constituição, mas também por

---

[22] Sobre isso, ver o livro de Bilac Pinto (1964).

[23] A atuação de Carlos Lacerda lhe rendeu, dentre outros apelidos, o de *demolidor de presidentes*.

demonstrar um esforço jurídico do regime instalado para se legitimar em vez de se pautar apenas no uso da força (SILVA, 2009).

Esse aparato legal foi empregado para dissolver os partidos políticos vigentes até 1965, por meio do Ato Institucional n.º 2, e para regular a criação, pelo Ato Complementar n.º 4, dos dois únicos partidos que funcionaram até 1979. A existência de apenas dois partidos – um governista e outro de oposição – foi mais um fator que contribuiu para a dicotomização do regime militar. Tanto a Aliança Renovadora Nacional (Arena) quanto o Movimento Democrático Brasileiro (MDB) eram formados por grupos muitos heterogêneos.[24] O MDB teve um "pecado de origem" – quase não se formou devido à dificuldade de atingir o quórum exigido pela legislação eleitoral para a organização dos novos partidos e demorou quase dez anos (e dezenas de cassações) para cativar a confiança do eleitorado. Internamente era um partido fissurado, dentro do qual a imprensa viu, principalmente durante a década de 1970, a distinção entre "autênticos" e "moderados". Apelidados com ironia, respectivamente, de "partido do sim" e "partido do sim, senhor", Arena e MDB eram desacreditados. O primeiro porque era visto como mero títere do regime e o segundo por ser considerado impotente diante dos governos autoritários. Embora pouco se fale sobre isso, a Arena teve 31 deputados federais cassados pelo AI-5 até 1978[25] e o MDB, nas eleições de 1974, despontou como uma opção viável para os eleitores que buscavam uma base de oposição, venceu a Arena nos votos para o Senado e, embora não a tenha vencido na Câmara, obteve um número maior de cadeiras naquela casa do que nas eleições anteriores, enquanto a Arena obteve um número menor do que na votação anterior.[26]

A manutenção do Congresso em funcionamento (ainda que tenham ocorrido períodos de recesso)[27], de um partido de oposição "tolerada", das eleições legislativas diretas, somadas a negação da repressão e da censura, são constantemente apontadas como grandes ambiguidades do período. E são geralmente justificadas a partir da intenção primordial de criar uma

---

[24] Sobre a heterogeneidade no MDB ver Kinzo (1988) e Motta (1997).

[25] Os nomes dos deputados cassados pelo AI-5 podem ser encontrados no jornal *Movimento*, em Especial de Anistia publicado em abril de 1978.

[26] Antes das eleições de 1974, o MDB possuía 87 cadeiras na Câmara. No pleito de 1974, esse número subiu para 170. Enquanto a Arena, que possuía anteriormente 223 cadeiras, passou a ocupar 194. *Opinião*, n. 102, p. 3-4, 18 out. 1974.

[27] O Congresso foi posto em recesso em três momentos durante o regime militar: entre 20 de outubro e 22 de novembro de 1966, entre 13 de dezembro de 1968 [AI-5] e 21 de outubro de 1969 e de 1.º a 14 de abril de 1977 ["Pacote de Abril"].

fachada democrática que traçaria a imagem que internacionalmente se faria do país. No entanto, é necessário antes pensar, para além de uma visão maniqueísta e pragmática, de que forma essas estratégias estavam relacionadas ao contexto interno e à busca de legitimidade, primeiro internamente, de um regime instalado no poder.

A institucionalização da "revolução" de 64 encontrou dificuldades que não eram apenas *externas*. As diferenças no interior das instituições militares geraram grandes fatores de instabilidade. Com exceção da passagem do governo Médici para o governo Geisel, todas as transições presidenciais dos governos militares se estabeleceram em meio a tensões. Como já mencionado anteriormente, imediatamente após o golpe, a escolha de Castelo Branco não foi unânime. No fim do seu governo, em meio à desilusão de muitos que pensavam que a passagem militar pelo poder seria breve, Castelo foi obrigado a aceitar a candidatura de Costa e Silva, sendo-lhe vedado cuidar de sua própria sucessão como outros governos fizeram. Costa e Silva, após medidas encaradas como de radicalização política, sofreu uma trombose que o afastou do cargo. O vice-presidente civil, Pedro Aleixo, que de acordo com as premissas constitucionais deveria assumir, foi vetado, tendo assumido em seu lugar uma junta militar. A ocasião fez repercutir nacional e internacionalmente o autoritarismo que conduziu a sucessão. Após a passagem do governo Médici, Geisel enfrentou discordâncias de outros militares quanto à escolha de seu sucessor, já que nisso se refletia outra particularidade do regime: a decisão de iniciar a liberalização e a transição política pelas mãos dos próprios militares. Uma crise se formou e resultou na demissão do ministro do Exército e num explícito mal-estar dentro das Forças Armadas. E cabe lembrar por último que ao fim do governo que se seguiu, último governo militar, o general João Figueiredo se recusou a passar a faixa presidencial ao sucessor civil eleito indiretamente, José Sarney, por considerar ilegítimo que este tomasse posse na ausência do presidente eleito, Tancredo Neves, e deixou o palácio do governo pedindo que fosse esquecido.

A história da institucionalização da "revolução" de 64 e da construção do regime que se seguiu é também a história da busca de legitimidade do movimento. A transição tutelada que "devolveu" a liderança do país aos civis levou a outra discussão aberta: quando terminou o regime militar? Há quem julgue que a anistia – o retorno dos exilados ao país – e a volta do pluripartidarismo, em 1979, marcam o fim do período da ditadura (REIS FILHO, 2000). Ainda que tenha havido um governo militar até 1985, a ditadura, nesse caso, não é vista apenas como militar. Uma segunda consideração estabelece o ano de 1985 como corte, já que o primeiro governo civil assumiu depois de 21 anos. Há ainda uma terceira hipótese que considera que apenas em 1989, quando houve eleições diretas para presidente da República, teve fim, de fato, a ditadura. Mais importante do que definir datas, cronologias e modelos estanques é assumir a complexidade do período e entender como as características inseridas nesses modelos de análise não eram puramente cronológicas.

1.2 Legitimando a "revolução"

> *A revolução vitoriosa necessita de se institucionalizar e se apressa pela sua institucionalização a limitar os plenos poderes de que efetivamente dispõe. [...]*
>
> *A revolução vitoriosa, como Poder Constituinte, se legitima por si mesma. [...] Fica, assim, bem claro que a revolução não procura legitimar-se através do Congresso. Este é que recebe deste Ato Institucional, resultante do exercício do Poder Constituinte, inerente a todas as revoluções, a sua legitimação.*
>
> *(Ato Institucional de 1964)[28]*

Se há opiniões distintas sobre quando o regime militar brasileiro se encerrou, situação parecida acontece com sua data de início. A conspiração militar, que havia sido previamente combinada para o dia 2 de abril de 1964, estourou no dia 31 de março com a primeira mobilização de tropas no Sudeste. O presidente se deslocou de Brasília somente no dia 2 de abril, quando foi declarada vaga a presidência da República. Foi também nas primeiras semanas de abril que o AI-1 transferiu o poder para os militares. Permanece atualmente a discordância quanto a data de aniversário do movimento, considerado desde sua consumação como "revolução" de 31 de março de 1964 e, pelos não simpatizantes, como golpe de 1.º de abril. Cada grupo sem dúvida investiu na memória que lhe destacava. O dia 1.º de abril, tradicionalmente conhecido em alguns países como *Dia da Mentira*, não caberia na memória militar como coube na memória de seus opositores. A estes auxiliaria a declarar como a ditadura foi absurda e ilegítima, àqueles obviamente não auxiliaria em sua legitimação.

---

[28] Ato Institucional, de 9 de abril de 1964. *In:* FICO, 2004, p. 339-342.

Após os primeiros passos da detonação do movimento e da institucionalização do regime, não menos importante era a necessidade de justificá-lo. Surgiu então outro problema: como legitimar um movimento que não tardaria a deixar escapar sua orientação autoritária política e social? A despeito da declaração direta, clara e áspera do primeiro Ato Institucional supracitada, após a "revolução" de 1964, houve esforços recorrentes durante esses governos para construir a legitimidade de um regime que se iniciava por meio de um golpe de estado. Os governos militares nunca institucionalizaram a "ditadura". Em vez disso, grande parte, se não a maior parte, dos discursos dos seus dirigentes (e de civis partidários) naquele período apontava a "revolução" como democrática, como caminho para "educar" a sociedade e como movimento que, motivado pela consecução de um bem maior, se justificaria por si mesmo. Nas palavras do general Costa e Silva, a trajetória da "revolução" era *em prol do restabelecimento do regime democrático e da purificação de nossos costumes políticos e administrativos*" (*O GLOBO*, 1966a, s/p). Os trabalhos acadêmicos que abordaram o período, produzidos recentemente, têm geralmente como pano de fundo a ilegitimidade do regime militar que destituiu um presidente eleito democraticamente, suspendeu as eleições diretas presidenciais, manipulou arbitrariamente os processos eletivos que manteve, permitiu a institucionalização da prática da tortura e lançou mão de tantas outras medidas de "exceção". Partindo a priori dos argumentos da ilegitimidade e do uso exclusivo da força, essas visões, quando não associadas a uma análise mais ampla, corroboram o olhar maniqueísta que distingue a sociedade entre *bons* e *maus*. Isso não significa, tampouco, que se deva inverter esse olhar e admitir que o regime militar tenha sido legítimo ou que tenha sido *bom*. Não há dúvidas sobre muitas de suas consequências políticas, sociais e econômicas. Essas afirmações continuariam, de toda forma, ao excluir outras considerações, confirmando um olhar simplesmente bipolarizado da realidade.

Em contrapartida, são mais escassos os trabalhos (FICO, 1997; CHIRIO, 2006; SILVA, 2009) que se preocuparam em analisar as estratégias e ações por meio das quais o grupo no poder buscou legitimidade ou justificativas que permitissem ao regime se manter em vigor por mais ou menos duas décadas. O campo que emerge de forma mais ou menos recorrente nesse caso é o da propaganda do regime, ora feita por órgãos oficiais determinados como a Assessoria Especial de Relações Públicas (Aerp) e a Assessoria de Relações Pública (ARP) (FICO, 1997; WEBER, 2000), ora feita pela mídia *adesista* (MARTINS, 1999). O primeiro caso caracteriza-se por um discurso interno elaborado pelo próprio regime sobre o período, em que se pode perceber que essa propaganda se dá, em grande parte das vezes, mais pela evocação de determinados ideais mais amplos, como o nacionalismo, a moral e a solidariedade, do que por menções diretas e claras ao regime militar em vigor. Por outro lado, o segundo caso, que se apresenta como um discurso externo elaborado por outros sobre o regime, tem sido discutido, em grande parte das vezes, à luz do fator opinião, o que faz com que seja um campo mais fértil para análises sobre o posicionamento desses meios com relação ao contexto da ditadura, como será discutido no próximo capítulo. Considerando-se o primeiro caso, fica claro que a dimensão simbólica do regime foi para os militares uma alternativa real para criar a legitimidade de que todos os governos precisam, em especial aqueles que empregam a força.

1.3 A dimensão simbólica do regime militar

A instituição militar, como toda instituição, é fundada numa larga dimensão simbólica. Os símbolos que manipulam não são necessariamente os mesmos que constituem, por exemplo, o Estado moderno. Por essa razão, quando a instituição militar se torna também governo – como na ocasião da Proclamação da República, em 1889, ou do período de regime militar, iniciado em 1964 – a aglutinação de símbolos diversos, e por vezes contraditórios, tem que ser operada.

Para a instituição isso significa o desafio de lidar com a tensão local x nacional, de transformar símbolos constituídos no interior de um grupo e de acordo com seus interesses em símbolos da nação. Significa a experiência de não mais falar para alguns, mas para muitos; de não mais ser observada por alguns, mas por muitos, e de pôr à prova a sua estabilidade não mais à frente apenas dos seus "comandados" ou partidários. Em outras palavras, de estender o campo de risco da legitimidade e da estabilidade que garantem a sua existência enquanto instituição. Ao mesmo tempo é a experiência de lidar com símbolos que não são os seus – mas os que definem o Estado e o seu papel – e suportá-los a despeito das incoerências que podem emergir nessa "aliança", impondo um regime duradouro que se desenvolve na instabilidade.

Um terceiro aspecto torna complexa tal experiência. Além da necessidade de ressignificar as relações com seus próprios símbolos e com os que lhe são exteriores num momento em que coexistem, está presente a tarefa diacrônica de lidar com símbolos que, por sua vez, mudavam ou eram "bagunçados" no decorrer de momentos de crise política – como o que se entendia por *liberalização, democracia* ou os limites do que se chamava de *Segurança Nacional*. Com isso, o risco de recair em contradições é aumentado, bem como o de ferir a legitimidade institucional.

Muito mais produtivo do que traçar a "evolução" dos símbolos institucionais e de como teriam sido maquiavelicamente empregados dentro de um determinado "sentido" histórico, que definiria quem são os bons e quem são os maus, é esmiuçar as formas pelas quais os símbolos, como linguagens, são tecidos em movimentos de mão múltipla e negociados consciente ou inconscientemente e, assim, expressam também a política. Para isso, a primeira atitude fundamental é reconhecer essa dimensão simbólica como reflexo de criações humanas em que papéis sociais são forjados, renovam-se ou são trocados e não como "coisas" que sempre existiram, num movimento que, sem dúvida, pode ter como característica a contradição. O ritual político é, nesse sentido, uma ocasião privilegiada em que emergem com maior nitidez tanto o comportamento simbólico quanto a encenação da vida social que está contida nele. O ritual é entendido aqui como um símbolo, repetitivo e socialmente padronizado (KERTZER, 1988, p. 9) e, sobretudo, como uma ação capaz de pôr em "*close up*" a dinâmica do mundo social (DAMATTA, 1997, p. 77).

1.4 Comemorando o regime: os aniversários da "Revolução"

No caso da instituição militar, a própria relação entre seus integrantes se dá de forma ritualizada. Os diferentes uniformes que, por si só, informam uma posição na hierarquia da instituição; os cumprimentos que devem ser prestados a ocupantes de patentes mais altas; as formaturas e marchas; a postura e a aparência "limpa" a que devem obedecer todos os oficiais – como barba feita e cabelo cortado – o rigor quanto aos horários de atividades; o pavor quanto à quebra de hierarquia, são elementos que demonstram um forte caráter normativo e simbólico.

Além dos fatores citados, as solenidades em razão de datas eleitas como caras à memória militar e repetidas anualmente ajudam a reforçar sua dimensão simbólica ritualizada. São exemplos as comemorações regulares do Dia do Exército (19 de abril) e do Dia do Soldado (28 de agosto) e a solenidade em memória das vítimas (militares) do levante (que ficou conhecido pejorativamente como "Intentona") Comunista de 1935 (27 de novembro), realizada anualmente desde 1936. Como ressalta Celso Castro (2008), a presença de todos os presidentes da República desde o primeiro ano dessa solenidade até 1990 atesta a importância política do ritual que, com os acontecimentos de 1964, foi referenciado pelos governos militares e assimilado no discurso de que o combate ao comunismo ainda precisava ser e seria combatido cerca de três décadas mais tarde.

Alguns trabalhos acadêmicos nos campos das ciências sociais e da história têm se comprometido a lançar luz sobre essas cerimônias considerando-as ora por um viés antropológico, no que diz respeito à estrutura interna da instituição e à construção de sua própria identidade, como no caso de Castro (2002), ou, como no caso de DaMatta (1997), que fez uma análise comparativa entre os rituais de carnaval e do dia da Pátria; ora partindo-se das discussões sobre memória,[29] como fizeram também Castro (2008) e Siqueira (1994), Almeida (2005), que partiu de matérias de jornal para falar de seu objeto; ora considerando-se a difusão de sua imagem pública, como fez Chirio (2006). Contudo, as solenidades comemorativas dos aniversários da "revolução" de 1964, apesar de sua larga dimensão simbólica, receberam pouca atenção, ainda que sejam ocasiões capazes de oferecer um grande potencial de análise.

Dentre os trabalhos citados, apenas dois mencionam os ritos de aniversário da "revolução". Celso Castro (2008) discute como as comemorações do "31 de março" mudaram ao longo do tempo, declinando até morrerem em meados da década de 1990. Já Maud Chirio (2006), em trabalho dedicado às festas nacionais no regime ditatorial, ressalta o "7 de setembro" como principal festa patriótica comemorada pelos militares e afirma que o "31 de março" não foi verdadeiramente comemorado exceto em seu primeiro aniversário. A questão para Chirio se relaciona à busca de legitimidade histórica a partir das festas nacionais como ponto de partida para a difusão da imagem pública do regime.[30] O fato de as comemorações do aniversário da "revolução" lhe parecerem ter se tornado cada vez mais internas aos militares e sem a ambição de integrar setores mais amplos da sociedade fez com que ela descartasse o "31 de março" como cerimônia significativa de comemoração do regime militar. Ambos os trabalhos têm grande importância para os estudos sobre ritual e regime militar. O primeiro porque permite perceber como rituais, que na sua forma mudam mais lentamente do que outros aspectos da cultura (KERTZER, 1988, p. 12;

---

[29] Castro (2004) e Biroli (2009) têm interessantes trabalhos sobre a memória do golpe militar, embora não abordem, nesses casos, rituais militares.

[30] Fico (1997) também discutiu a difusão da imagem pública do regime militar a partir dos ideais identificados com o 31 de março de 1964, mas sem partir, especificamente, de suas cerimônias comemorativas e solenidades.

RIVIÈRE, 1989, p. 149) e no seu conteúdo manifestam algo que desejam que seja perene (DAMATTA, 1997, p. 30), de fato mudam e respondem assim a negociações entre diferentes personagens em diferentes momentos. O segundo, porque ressalta que a ideologia militar não se reduz à Doutrina de Segurança Nacional e que mais do que a força o regime militar adotou outras estratégias para captar apoio. No entanto, o "31 de março" permanece sem ser ressaltado como uma ocasião verdadeiramente privilegiada em que os agentes oficiais enunciavam um discurso sobre a natureza e os propósitos do regime e em que os rituais patrocinados pelo próprio regime ofereciam uma ocasião regular para expressar a unidade militar, ainda que se saiba que a instituição era, na verdade, fissurada. Essa ocasião ajuda a esclarecer, portanto, um discurso que era duplo: sobre o regime e sobre a instituição. Ainda que o espaço dedicado a cerimônias tenha declinado ao longo do tempo, cabe ressaltar sua enorme importância para o entendimento do discurso que o regime fazia sobre si mesmo especialmente naquele período por permitirem que se perceba a partir dos relatos produzidos nos jornais a encenação da vida social naquele período.

Assim, o ritual do "31 de março" pode ser percebido, por exemplo, no âmbito dos esforços empreendidos pelo regime no sentido de aparecer como uma "unidade solidária" (KERTZER, 1988). Isso é possível, nesse caso, pela divulgação midiática de um discurso oficial *do* regime *sobre* o regime que se apresenta, sobretudo, como o único discurso do governo aparentemente sem vozes conflitantes. Algumas matérias deixam, conscientemente ou inconscientemente, rastros que se podem transformar em pistas para a identificação de conflitos, como no episódio ocorrido em janeiro de 1976, quando o presidente Geisel destitui o general Ednardo D'Ávila Melo, comandante do II Exército, substituindo-o pelo general Dilermando Monteiro, logo após a morte do operário Manoel Fiel Filho ter ocorrido nas dependências do mesmo II Exército, onde, menos de três meses antes, também havia sido morto o jornalista Vladimir Herzog. Na mesma página do jornal eram mencionados ambos os acontecimentos – a substituição de Ednardo D'Ávila, que não é explicada, mas apenas informada, e a instauração de inquérito policial-militar para investigar as circunstâncias da morte de Fiel Filho –, embora como matérias inteiramente independentes e ainda que a substituição do general tenha recebido maior destaque (*O GLOBO*, 1976a). O episódio causou certo constrangimento na instituição militar porque significava simbolicamente que Geisel havia "passado por cima" tanto da autoridade do ministro do Exército, Silvio Frota, quanto do próprio

Ednardo D'Ávila, um general de quatro estrelas.[31] No "31 de março" seguinte, o discurso do presidente Geisel, durante as comemorações da "revolução", ressaltou consideravelmente a coesão das Forças Armadas (*O GLOBO*, 1976b; 1976c), meses antes de destituir também o ministro Silvio Frota.[32]

Episódios como esse permitem lançar considerações em relação aos rituais de comemoração da "revolução". Em primeiro lugar, ainda que o ritual represente em geral a simplificação de um determinado quadro ao se esforçar para repeti-lo como estável, pode se tornar um importante objeto no sentido de fazer emergir, ao contrário, a complexidade do contexto em que se insere. Decorre daí o fato de ser possível perceber que, embora os discursos do 31 de março definissem a unidade das Forças Armadas e, nesse contexto, da política, outros elementos narrativos possibilitavam considerar que nem as Forças Armadas nem a política eram coesas. Em segundo lugar, permite entender o ritual como um espaço de tempo fundamental para a constante busca da legitimidade de um regime político autoritário que, a cada ano, procurava, espontaneamente, justificar-se e se reafirmar. Essas duas considerações, por sua vez, levam a dois pontos básicos e que se relacionam. Ao mesmo tempo que o ritual não serve meramente para confirmar um *status quo* (KERTZER, 1988) e, portanto, não é apenas um movimento passivo e de mera confirmação, ele não é uma mentira por querer fixar estabilidades num mundo instável. Trata-se, numa interpretação mais ampla, de uma ocasião ativa de constituição de poder e de construção do universo social em que intercâmbios simbólicos desempenham um papel determinante. Ao mesmo tempo que o ritual define quem é o fraco e quem é o forte, tenta cooptar seguidores para sua causa e serve como instrumento para expressar uma pretensa totalidade.

DaMatta (1997, p. 31) já alertou anteriormente para a "tremenda" e pouco estudada relação entre ritual e poder. De fato, se os ritos fossem puramente passivos ou pudessem ser entendidos como mentiras não seriam tão presentes e importantes na vida social e política. As cerimônias de posse presidencial, por exemplo, são ocasiões essenciais, repetidas, cuidadosamente preparadas e mediadas nas democracias contemporâneas, embora antes delas ocorrerem todos já saibam quem foi o novo presidente eleito e as datas de início e término de seu mandato. A importância desses ritos pode

---

[31] Com exceção do título de marechal (este só preenchido em caso de guerra), o posto máximo da hierarquia militar (no caso do Exército) é o de *General de Exército*, cuja insígnia é composta por quatro estrelas. Tanto Geisel quanto Ednardo D'Avila eram Generais de Exército.

[32] A demissão de Silvio Frota foi ligada à questão política da sucessão presidencial.

ser verificada, por exemplo, quando chegam ao fim os governos militares e Tancredo Neves é eleito, em 1985. Tancredo adoeceu e foi hospitalizado antes de tomar posse e, apesar de estar ainda gravemente doente, a cerimônia de posse ocorreu sem a sua presença, em 15 de março de 1985. José Sarney, como vice, passou nessa data a substituí-lo e, mediante a morte de Tancredo, em 21 de abril, ocupou permanentemente o cargo de presidente da República. Os fatos de Tancredo não ter assumido a função na cerimônia de posse, e de João Figueiredo, último presidente militar, ter se recusado a passar a faixa presidencial a Sarney, sob argumentação de que não considerava sua posse legítima, levantaram muita polêmica sobre os acontecimentos e sobre a legitimidade daquele governo, que foi, como já se sabe, marcado por forte instabilidade econômica e política.

A importância assumida por esses ritos nas democracias políticas contemporâneas emerge da relação ideal que liga fortemente o ritual a legitimidade e a estabilidade. Embora seja de costume relacionar o ritual à dimensão religiosa da vida (RIVIÉRE, 1989) – tomando como exemplos as cerimônias de batismo, casamento e funerais católicos, a cerimônia das luzes dentre os diversos ritos maçônicos, o ritual de iniciação no candomblé ou o *bar mitzváh* judaico –, a ritualização está presente em outras dimensões como a política. Certamente os ritos de aniversário da "revolução de 1964" não são suficientes para explicar o fato de o regime ter durado mais de duas décadas, assim como os rituais de nascimento e de morte, específicos de cada sociedade ou religião, não bastam para explicar o sentido da vida para um público muito mais heterogêneo, nem o *bar mitzváh* por si só explica, pensando em uma análise científica, quando um indivíduo deixa de ser criança para se tornar adulto. Mas esses rituais falam de esforços, de convenções, de contextos, de mudanças e, numa palavra, da sociedade que os exerce. Por isso, o fato de os rituais de aniversário da "revolução" terem durado o quanto durou o regime militar pode e deve ser considerado como um rico e produtivo ponto de partida para a análise política do regime militar e de como qualquer tipo de regime ou de governo produz discursos sobre si mesmo como parte de um movimento que busca legitimar a sua existência e manter a sua estabilidade.

Para que se entenda a relevância desse tipo de estudo é preciso, sobretudo, afastar a sombra maniqueísta de que rigorosamente tudo é meticulosamente calculado. Obviamente é larga a existência de projetos que visam atingir fins determinados que privilegiem uns em detrimento de outros e que, na maioria das vezes, podem ser postos em prática por quem tem poder o suficiente. Isso é o que já se sabe. Mas não quer dizer que aconteça sempre. Acreditar nisso significa reforçar uma concepção da história como um encadeamento cronológico engessado dos fatos em que os acontecimentos poderiam ser pré-determinados e, portanto, não poderiam ter acontecido de outra maneira. E acreditar nisso, dentro do campo da comunicação, é acreditar que uma mensagem é entendida exatamente como deseja a intenção do seu emissor, sem considerar a interação que existe entre os diversos personagens evolvidos, ou seja, as mediações. Essas visões negligenciam o fato de que nem tudo se pode prever na vida, já que "embora as pessoas conscientemente manipulem o ritual para fins políticos, elas também, às vezes, forjam, revisam e revigoram formas rituais que têm efeitos políticos sem serem conscientes de que efeitos serão esses" (KERTZER, 1988, p. 43).[33]

1.5 Ritual militar, ritual político

A "revolução de 31 de março de 1964" foi um evento muito recente. Falar em ritual – termo que parece se ligar a ocasiões tradicionais e de duração mais longa – para se referir ao que aconteceu pode, por isso, provocar certo estranhamento. Mais ainda no caso deste trabalho, em que se propõe estudar as cerimônias realizadas "no calor da hora", ou seja, durante a vigência do próprio regime militar. Mas, retomando as principais características que definem o ritual, ou seja, o fato de ser uma ação simbólica, repetitiva e padronizada e considerando-se um ponto mencionado anteriormente por Claude Rivière, que questionava as possibilidades de se indicar com exatidão as fronteiras do ritual e do não ritual (RIVIÈRE, 1989, p. 147), admite-se as comemorações do aniversário da "revolução", durante o regime militar, como ritos comemorativos, que passaram de evento (em 1964) a tradição constituída a partir de 1965.

A partir desse ano os ritos em questão foram repetitivos, acontecendo anualmente. Essa continuidade pode ser vista como uma tentativa de estabelecer legitimidade política durante o processo de institucionalização de um regime particular recém-instaurado, que deveria ser assimilado e justificado por seu início brusco após um golpe de Estado. A regularidade dos ritos não deixava de ser um grande esforço de legitimar um novo governo que se inaugurou a partir da deposição de um presidente eleito e, do ponto de vista constitucional, apto a ocupar aquele cargo. Nesse ponto, o que Celso Castro diz sobre a construção do dia do soldado se aplica também à construção do

---

[33] Tradução da autora.

aniversário do regime militar: não bastava relembrar a "revolução" por meio de discursos espalhados, era necessário "renovar anualmente, através de uma comemoração, o compromisso de seguir seu exemplo" (CASTRO, 2002, p. 21). Apresentar o novo regime como legítimo, ou, ainda, como necessário, era uma tarefa, portanto, indispensável para garantir aprovação em especial daqueles que não se haviam envolvido diretamente com o processo de deposição do governo anterior, mas que poderiam ser cativados, cooptados.

Ao mesmo tempo que são repetitivos, os ritos assumem aspecto padronizado, assemelhando-se basicamente na forma e no conteúdo. É justamente essa aparente padronização que acaba por permitir que se indiquem sobressaltos, diferenças ou ambiguidades, já que é depois de perceber e definir um padrão que se pode enxergar com mais clareza também o que foge a ele. A padronização é o que confere ao ritual um aspecto de estabilidade. Ao se autorreferenciar, ou seja, ao se reafirmar anualmente sem aparentes alterações bruscas, o regime garante que o universo político nacional siga uma ordem, que seja previsível e seguro.

Os rituais políticos não são, de todo modo, estáticos. Ainda que se queira cristalizá-los de forma a construir essa estabilidade, o que é permanente em relação a eles é a sua reinvenção em contextos distintos. E essa constante atualização é o que permite que façam permanentemente sentido(s). Diante disso, a construção e a evolução dos ritos de aniversário do golpe podem ser entendidas a partir de pelo menos duas perspectivas, uma sincrônica e outra diacrônica. Na primeira se inserem aspectos já mencionados. Nas comemorações de 31 de março ocorridas durante o regime militar houve discursos dos presidentes da República e leituras das ordens do dia dos ministros das três forças armadas nos quartéis. Do ponto de vista da mediação construída por *O Globo* o viés sincrônico se relaciona com a relevância que o jornal reserva a esses ritos, cujas matérias de cobertura são sempre mencionadas na primeira página. Além disso, tanto os discursos dos presidentes quanto as ordens dos ministros militares foram, durante todo o período, reproduzidos na íntegra no diário.

Com relação aos discursos militares sobre a "revolução", algumas temáticas permaneceram constantes com o passar dos anos, sobretudo, o esforço de relacionar o movimento com uma ruptura que significava uma clara distinção entre um passado "perigoso", politicamente caótico e moralmente decadente e uma nova era de paz, coesão e desenvolvimento. Essa eterna lembrança, aliás, não esteve presente só nos ritos de 31 de março, mas foi fundadora de todos os aspectos do regime. Essa característica ritual da repetição indica principalmente que a mensagem é sempre durável (RIVIÈRE, 1989). A própria propaganda oficial patrocinada pelo governo especialmente nos anos 1970, embora não falasse diretamente da "revolução" e fosse despersonalizada, fazia analogias sutis que visavam à aproximação do presente que se vivia às ideias de um futuro promissor – de que "agora sim" o Brasil iria para frente –, de união da família, de felicidade e, finalmente, da possibilidade do otimismo (FICO, 1997).

O ritual é uma forma eficiente de operar esse jogo de temporalidades em que uma ruptura liga um antes a um depois, auxiliando, pela produção de narrativas, a atribuição de sentido à transição passado/presente/futuro e, nesse caso, um passado que deveria "ensinar", um presente estável e um futuro previsível e próspero. Como uma sombra disso tudo, era latente, embora negada,[34] a perspectiva "iluminista" que regia a relação entre a instituição e a sociedade inserida num teor permanente de que o regime tinha a função e o dever de ensinar "o caminho correto" à sociedade: o caminho da verdadeira "democracia". Essa noção escorregadia de democracia era, da mesma forma, fielmente reproduzida nos discursos, reafirmada por sucessivos governos autoritários.

Mas olhar para essas comemorações permite, por outro lado, identificar certas mudanças de um governo a outro, que estavam em muito relacionadas ao contexto nacional de então. Os pronunciamentos dos presidentes, sempre reproduzidos pela mídia, aconteceram em diferentes locais entre 1965 e 1984. Castelo Branco, por ocasião do primeiro aniversário da "revolução", recebeu a imprensa, no Palácio das Laranjeiras, no dia 30 de março de 1965, e respondeu a perguntas previamente enviadas por jornalistas. No dia seguinte, Castelo discursou no Congresso Nacional. *O Globo* apesar de ter noticiado como entrevista o evento ocorrido no Palácio das Laranjeiras, disse explicitamente que as perguntas haviam sido previamente enviadas pelos jornalistas. Para Schudson (1995), a entrevista é o ato fundamental do jornalismo contemporâneo e nesse ato está inserida uma tensão básica: o repórter, ao mesmo tempo que inquire, testa, fazendo, por exemplo, perguntas cujas respostas já conhece. Aquele que é entrevistado, por sua vez, pode usar as suas respostas como uma forma de demonstrar autoridade. Ao mesmo tempo que a reputação do jornalista está ligada às respostas do entrevistado, a vulnerabilidade da exposição e o reconhecimento público

---

[34] "País não está sob ditadura e **Forças Armadas não querem tutelar a nação** – Afirma Castelo" (*O GLOBO*, 1966b, s/p, grifo da autora).

desse entrevistado podem ser controlados pelo jornalista (SCHUDSON, 1995, p. 75). No Brasil de meados da década de 1960 havia ainda o aspecto do autoritarismo em que se desenvolveu essa negociação e com o qual foi preciso lidar. Se por um lado o Estado centralizou os poderes e se atribuiu o direito de censurar, por outro lado todas as estratégias desenvolvidas pelo regime para legitimar a "revolução" trazem dúvidas sobre o pressuposto de que a relação entre o governo e a imprensa se deu apenas por meio da violência. Pelo lado dos jornais, ainda que pressionados pela censura, havia estratégias narrativas que poderiam ser adotadas demonstrando o posicionamento dos jornalistas de forma sutil. Com relação à dimensão opinativa, de alinhamento político do jornal, a questão tampouco era simples, já que periódicos que inicialmente apoiaram declaradamente os governos militares, com o passar dos anos mudaram de lado e precisaram adotar também estratégias narrativas pelas quais essa mudança foi sendo operada.

Voltando à discussão acerca da "entrevista" concedida por Castelo, o fato de ele ter reunido jornalistas para responder a questões que haviam sido endereçadas *previamente* à presidência e que, portanto, foram selecionadas e respondidas com calma e com tempo disponível, de certa forma, atenua em parte a tensão inserida na tripla relação entrevistador/entrevistado/público (SCHUDSON, 1995, p. 75). Se a antecipação das perguntas atua na relação entre entrevistador e entrevistado, é preciso lembrar que há ainda uma terceira parte – o "público ou audiência" – que, de acordo com Schudson, avalia o que vê.

No ano seguinte, Castelo comemorou o segundo aniversário da "revolução" em dois eventos: o primeiro na Usina José Bonifácio de Andrada e Silva (Cosipa) em Santos (SP) e o segundo em São Bernardo do Campo (SP), onde lançou a pedra fundamental de uma vila operária. As explicações oferecidas aos jornalistas, a passagem pelo Congresso e a presença num mesmo dia numa grande usina e numa obra popular não parecem ingênuas. Foram, sobretudo, estratégias para tentar conciliar/cooptar diferentes classes e para negar o autoritarismo ao reafirmarem o Congresso e a "prestação de contas" pública.

Costa e Silva, assim como Castelo, concedeu uma coletiva em 31 de março de 1967, nos mesmos moldes da de Castelo dois anos antes, respondendo às questões que também haviam sido enviadas anteriormente, mas dessa vez no Palácio do Planalto. As comemorações de 1968 ocorreram em meio a um contexto bastante tenso, já que no dia 28 de março o estudante secundarista Edson Luis de Lima Souto foi morto pela polícia militar no Restaurante Central dos Estudantes – conhecido como Calabouço –, no Rio de Janeiro, em um confronto entre estudantes e policiais. Nos dias seguintes o clima ficou instável na cidade, até o dia da missa de sétimo dia houve manifestações sob as palavras de ordem "Mataram um estudante. Podia ser seu filho", e milhares de pessoas participaram do enterro. Nesse ano pela primeira vez[35] a cerimônia oficial de aniversário da "revolução" aconteceu num estabelecimento militar, o Clube das Forças Armadas, onde Costa e Silva discursou dizendo: "Cumprimos o nosso dever e havemos de cumpri-lo à custa de qualquer sacrifício. [...] Eles [os 'agitadores'] pedem sangue, mas o Brasil prosseguirá sem sangue porque não estamos com a ideia da violência" (*O GLOBO*, 1968, s/p). E afirmou no dia seguinte (1.º de abril de 1968) a parlamentares da Arena e jornalistas em Porto Alegre: "Manteremos o atual regime revolucionário de qualquer forma. Não cederemos à desordem e à baderna" (*O GLOBO*, 1968b, s/p). As palavras desse presidente foram ambíguas uma vez que eram de força e de ordem ao mesmo tempo que tentavam negar a violência. No último ano do seu governo, Costa e Silva passou o 31 de março em almoço comemorativo no Palácio da Alvorada oferecido a governadores e ministros e concedeu, mais uma vez, respostas a questões previamente endereçadas em pronunciamento transmitido em cadeia de rádio e TV pela Agência Nacional.

Todos os pronunciamentos do presidente Médici, referentes aos aniversários da "revolução" (1970-1973), foram transmitidos à nação em cadeia nacional de rádio e TV. Reafirmando constantemente que a "revolução" havia sido feita conjuntamente pelo povo e pelas forças armadas e que o Brasil havia sido capaz de renascer do que era antes um passado caótico. O presidente do *Milagre* econômico dava atenção especial em seus discursos à política governamental no campo econômico-financeiro e aos investimentos em infraestrutura. Em 1971 o título de seu pronunciamento, "Tempo de construir", foi mencionado no jornal como lema das comemorações daquele ano.

Geisel também fez pronunciamento no 10.º aniversário da "revolução" gravado no Palácio da Alvorada e veiculado em rádio e TV, em que, de acordo com o jornal, ressaltava a "comunhão do povo e [das] Forças Armadas" (*O GLOBO*, 1968a, s/p). No ano seguinte (1975), o presidente comemorou o 31 de março em cerimônia realizada em Brasília, na sede do Senado, pela Arena,

---

[35] É necessário lembrar que as cerimônias que estão sendo consideradas neste trabalho são apenas as que foram mencionadas pelo jornal *O Globo* naquele período.

em que seu pronunciamento reafirmava que a revolução continuaria: "Fui um dos responsáveis e continuo a ser um dos responsáveis por esta Revolução. E desejo sinceramente reafirmar-lhes que ela continuará" (*O GLOBO*, 1975, s/p). Nos dois anos que se seguiram, 1976 e 1977, Geisel homenageou o 31 de março na Vila Militar (RJ). É relevante lembrar que o governo Geisel foi um momento muito especial em que emergiram com mais força as ambiguidades do regime, tanto no que diz respeito às medidas políticas, de abertura e fechamento, quanto às tensões existentes entre o governo e a própria instituição militar. Foi nesse governo que se atribuiu a função de fazer a distensão política, o que levantou à suspeita e à oposição de grupos militares que não desejavam essa abertura. Essa tensão pode ajudar a compreender por que Geisel precisou reafirmar que a "revolução" continuaria. Por outro lado, a tensão governo x instituição cresceu após a morte de Vlado (1975) e de Fiel Filho (1976) em dependências do Exército, como já foi anteriormente mencionado, e após a destituição do general Ednardo D'Avila do comando do II Exército, o que provocou um mal-estar dentro das Forças Armadas. Esse contexto, por sua vez, talvez ajude a compreender por que Geisel por dois anos seguidos participou das comemorações na Vila Militar, como se quisesse amenizar a imagem de um Exército partido. Por fim, em seu último governo, Geisel comemorou o 31 de março no Clube da Aeronáutica, com um discurso transmitido em cadeia nacional. Embora não se possa garantir que isso se deveu à crise militar realmente aprofundada com a demissão do ministro do Exército Silvio Frota por Geisel em outubro de 1977, que ecoou fortemente dentro do Exército, pela primeira vez um dos presidentes militares participava de cerimônia oficial alusiva à data nas dependências de outra das Forças Armadas.

O último presidente militar, Figueiredo, como os anteriores, teve seu pronunciamento gravado no Palácio do Planalto e transmitido em cadeia nacional de televisão em 1980. No ano seguinte assistiu à missa comemorativa da "revolução" na Catedral Metropolitana de Brasília, rezada pelo arcebispo Dom José Newton – este foi o único ano em que o jornal *O Globo* não mencionou (ou reproduziu) um pronunciamento específico do presidente com relação à data. Em 1982 mais uma vez Figueiredo discursou em cadeia nacional e novamente participou da missa na Catedral de Brasília. Ao se pronunciar em 1983, como era de costume, Figueiredo descreveu para aqueles que não viveram "as circunstâncias que deram origem ao movimento revolucionário de 31 de março" e aos que "vieram ao mundo posteriormente" o passado viciado anterior à "revolução". No dia 31 de março de 1984, pela última vez, o presidente discursou à nação sobre a "revolução" e o regime. No ano seguinte, já não mais sob um governo militar, o 31 de março foi homenageado apenas pelos ministros militares e noticiado em *O Globo* com menos espaço do que nos anos anteriores, mas ainda com a reprodução de suas ordens do dia.

O aspecto diacrônico dessas comemorações aparece especialmente na ocorrência desses discursos presidenciais em diferentes lugares – Congresso, Vila Militar, rádio e TV, convenção da Arena etc. – e, por vezes, nos teores diversos que lhe acompanharam, seja na negação da "ditadura" e na promessa tímida e envergonhada de eleições em Castelo; na linguagem agressiva de Costa e Silva no contexto das agitações pela morte de Edson Luís; na exaltação do progresso, de Médici; na imagem de coesão das forças armadas em meio ao momento-chave de emergência de fissuras e tensões em Geisel ou na lembrança firme e na promessa de fidelidade aos ideais de 1964 que se vê tanto em Figueiredo como nos outros.

1.6 Situando a "Revolução"

Após o fim dos governos militares, cerimônias comemorativas dos aniversários da "revolução" continuaram ocorrendo, embora não mais contando com a presença do presidente da República. Em 1985 houve, como nas duas décadas anteriores, leitura das ordens do dia dos ministros militares nos quartéis, por exemplo. Atualmente, não parece haver cobertura jornalística sobre o evento que, aparentemente, tem mobilizado, numa escala muito menor, exclusivamente o Clube Militar, que, conforme lembra Castro (2008, p. 120), é uma associação jurídica civil, que não possui vínculo institucional com as Forças Armadas. Ainda assim, deve-se ressaltar a ligação direta que muitos dirigentes do governo e membros das Forças Armadas tiveram ao longo da história com o Clube. Seu primeiro presidente, por exemplo, foi o marechal Deodoro da Fonseca, um dos personagens mais destacados da Proclamação da República e primeiro presidente do Brasil Republicano. No dia 31 de março de 2010 foi realizada no salão nobre da sede principal do Clube Militar, no Centro do Rio, sob a recomendação de traje *esporte fino* e às 15h, a palestra *"Revolução Democrática de 31 de Março" – Antecedentes: A efetiva participação do Clube Militar*, tal qual registrado em seu Informativo Mensal de março de 2010 (p. 14).[36] O mesmo aconteceu no

---

[36] Disponível em: http://www.clubemilitar.com.br/. Acesso em: 1 mar. 2022.

ano anterior, quando manifestantes à porta do clube lembraram os nomes de presos políticos desaparecidos ou mortos sob tortura. Contudo, interessam a este trabalho exclusivamente as comemorações que ocorreram durante a vigência dos governos militares, o que nos permite perceber como essa comemoração anual surgiu e se construiu no âmbito das estratégias adotadas pelo regime para se legitimar.

A ruptura do modelo político, a que seus adeptos chamaram "revolução", foi o evento fundador e, portanto, anualmente referenciado. O 31 de março de 1964 se tornou o símbolo supremo dos governos que lhe sucederam. Mas outro tempo estava permanentemente presente. O levante de 1935 – que recebeu o título pejorativo de *intentona* –, em que comunistas se rebelaram a partir de instituições militares em Natal, Recife e no Rio de Janeiro, foi transformado numa "fiel" prova: os episódios de 1935 e do governo Goulart nos anos 1960, vistos como tentativas de tomada de poder pelos comunistas, eram relembrados à exaustão como se lembrassem que o "perigo" era permanente e que as forças armadas que intervieram em ambos os casos deveriam permanecer vigilantes.

Desde então uma cerimônia em homenagem aos militares mortos no episódio do levante de 1935 acontece anualmente, como já foi anteriormente mencionado. Desde 1937, ou seja, da segunda cerimônia, os presidentes do país passaram a marcar presença na homenagem. Essa mudança no ritual não foi em vão e o fato de ter se dado em 1937 também não parece ingênuo. Foi também o único ano em que a solenidade foi antecipada em quase dois meses (CASTRO, 2002) sendo precedida pelo golpe de Vargas que deu início à ditadura do Estado Novo. A referência a 1935 foi usada em conjunto com a falsa denúncia de uma nova ameaça de investida comunista (o plano Cohen) para justificar o período autoritário que se iniciava. As cerimônias referentes a 1935, ao contrário das de aniversário da "revolução", contaram com a presença dos presidentes até 1990, inclusive João Goulart, até que Fernando Collor não compareceu, em 1990, e desde então, nenhum presidente esteve presente novamente (CASTRO, 2002).

A imagem que permaneceu na memória sobre o levante da década de 1930, na qual investiram seus opositores, afirmava a covardia e a violência que os revoltosos teriam demonstrado, ao atacar e assassinar militares enquanto estes dormiam, o que posteriormente se soube que não aconteceu realmente. Essa cerimônia, além disso, já tinha força antes do golpe de 1964. Já a cerimônia do 31 de março, além de ter nascido com o golpe foi, ao fim do regime militar, unida a memória de um período que se queria esquecer. Talvez isso ajude a entender por que as referências a 1935 desfrutaram de um período mais longo.

Outras cerimônias como o dia da Independência ou o aniversário da República também são ritualmente comemoradas, mas se diferenciam do 31 de março por duas razões. Primeiro porque significaram impactos profundos nos regimes de governo nacionais – o golpe de 1964 se apresentou como uma ruptura do modelo político democrático, que passou a ser autoritário, mas que continuou republicano e independente. Em segundo lugar, o Sete de Setembro e o 15 de Novembro são entendidos se não como comemorações também da sociedade civil, pelo menos mais próximos dela do que o 31 de março que continua vinculado ao tabu de assumir toda a base civil que suportou o golpe. Isso significa que o 31 de março sempre pareceu muito mais ser uma festa exclusivamente militar do que as outras ocasiões, estas que ainda hoje são lembradas em muitas escolas no país.

Contudo, a principal razão que faz das comemorações da "revolução" ocasiões especiais, é, reafirmando o que já foi dito, a possibilidade que oferecem de se analisar uma das estratégias dos governos militares de construir a sua legitimidade a partir dos discursos que eles próprios emitiram sobre si – momentos privilegiados em que falavam direta e claramente da "revolução" e do regime instaurado por ela. Por um lado, os pronunciamentos dos dirigentes possibilitam enxergar as ambiguidades do discurso dos militares enquanto governo e as tensões inseridas na dinâmica da instituição militar. Por outro lado, a cobertura construída pelos jornalistas sobre esses eventos específicos permite perceber qual era e quando mudava o papel que estes próprios se atribuíram como integrantes do movimento complexo a que se chama mediação, num momento específico da história nacional. Sobre essa temática se discutirá nos capítulos seguintes.

CAPÍTULO 2

ALÉM DO MODELO LIBERAL: O JORNALISMO NO REGIME MILITAR

Sr. Presidente, na liberdade de imprensa não está apenas a dignidade de um povo, mas sobretudo a sua sobrevivência como um povo livre. [...] É por isto, Sr. Presidente, que não trazemos apenas uma palavra de solidariedade cordial e de simpatia ativa nesta emergência em que o Diário de Notícias sofre o assalto da violência verbal e as ameaças da concretização dela, trazemos, sobretudo, ao povo a advertência de que sua liberdade corre perigo.

(Carlos Lacerda)[37]

A frase supra foi dita na tribuna por um jornalista, proprietário de jornal e político, e nos traz pistas do tipo de jornalismo com o qual lidamos. Em primeiro lugar, embora tenha tantas semelhanças com a argumentação contemporânea, foi proferida em 1958, o que quer dizer que esse modelo de imprensa que temos hoje é em muitos pontos, ainda que não em todos, anterior ao regime militar e ao golpe. E, na verdade, encontrava espaço para existir no período democrático comprimido entre a ditadura do Estado Novo e os governos militares.

Muitas pessoas, muitos jornalistas, poderiam ter dito essa frase, mas o fato de ter sido dita por Carlos Lacerda é bastante simbólico. O proprietário[38] da Tribuna da Imprensa era também um dos personagens mais representativos da União Democrática Nacional (UDN), partido cujo

---

[37] Discurso do deputado federal do Rio de Janeiro, então Distrito Federal, Carlos Lacerda, no Congresso, em 14 de novembro de 1958, sobre a tentativa do ministro da Guerra, general Lott, de enquadrar o Diário de Notícias na Lei de Segurança Nacional (LACERDA, 1982).

[38] Carlos Lacerda fundou a Tribuna da Imprensa em 1949 e a chefiou até vendê-la, em 1961, para Manuel Francisco do Nascimento Brito que, por sua vez, a vendeu no ano seguinte para Hélio Fernandes.

traço característico mais evidente era o seu discurso de reclamar para si a herança doutrinária liberal. Também o jornalismo que discutimos aqui se pressupõe, e já se pressupunha anteriormente a 1964, liberal. A UDN, ao defender o golpismo em nome do liberalismo propunha, ainda que implicitamente, subliminarmente, a "violação da democracia para melhor salvá-la" (BENEVIDES, 1981, p. 42). Assim como o partido, a imprensa liberal se caracteriza por alguma contradição entre a retórica e a prática. Carlos Lacerda teve ainda uma posição destacada na política nacional e na instauração do regime autoritário; além de ser o governador da Guanabara na ocasião, apoiou o impedimento do presidente João Goulart e o golpe. As suas palavras reproduzidas aqui contêm certas premissas que as aproximam de outros discursos e que caracterizam mais do que um momento histórico, um modelo teórico liberal. O argumento de Carlos Lacerda, centrado na liberdade de imprensa e que desloca essa liberdade para a liberdade do povo, é liberal. Pressupõe a imprensa como esclarecedora, como vigilante protetora, e pressupõe que na ausência de certos fatores – no caso, a censura –, o jornalismo funcionaria de acordo com esses preceitos. Essa contradição nos leva a relativizar também o discurso comum sobre o regime militar – que segue o mesmo caminho – e a entender o que afasta, no período autoritário, o jornalismo desse modelo na prática.

Na primeira parte deste capítulo, discutimos como o regime militar é tratado nos moldes de uma ruptura, da interrupção de um ritmo natural do jornalismo que supostamente teria lugar num contexto liberal. No segundo momento, tratamos da produção bibliográfica sobre o exercício do jornalismo no regime militar ressaltando seus pressupostos e sua relação com o modelo liberal. Faz-se necessário explicar, então, o que entendemos por esse modelo e as suas relações com o exercício do jornalismo no regime militar, o que fazemos na terceira parte.

Discussões sobre o exercício do jornalismo a partir de meados dos anos 1960 seguem como regra e como ponto de partida, a perspectiva mítica de que havia um curso normal das coisas que teria sido abruptamente interrompido, maculado e descarrilado junto ao regime que se instalou em março de 1964. Situação parecida havia se desencadeado na década anterior com a chamada modernização do jornalismo brasileiro que interrompeu um curso normal e, conforme contam seus patrocinadores, fez com que se deslocasse de um jornalismo de influências francesas, literário, prolixo, emotivo e se livrasse do peso de profissionais "antigos" e viciados, em favor de um jornalismo moderno, de tendência norte-americana, objetivo, centrado no fato e, finalmente, fiel à verdade. A primeira diferença evidente entre um momento e outro é que no segundo caso a mudança não costumou ser questionada porque teria representado um ganho, uma evolução. Já no primeiro caso, foi entendida por diversas instâncias como um retrocesso, como uma violência (geralmente, mas não só) exógena imposta, nefasta para a atividade jornalística e que precisava ser exorcizada.

Os jornalistas que não se haviam engajado no caminho alternativo, permanecendo na grande imprensa, se por um lado eram tachados de adesistas, por outro eram vistos igualmente como vítimas de uma repressão superior contra a qual não havia meios férteis de luta, nem possibilidade de vitória. O jeito seria esperar, caminhando entre as brechas, aproveitando as lacunas, para depois repudiar o autoritarismo com que teria sido extirpada a sua essencial liberdade e a sociedade privada do conhecimento e da sua consciência. O papel da imprensa era, grosso modo, visto como fundamental para que os cidadãos tivessem contato com o mundo e liberdade de pensar sobre ele. Independentemente de quaisquer julgamentos, é importante e útil desconfiar de mitos fundadores. Ou enxergá-los como portas para outras discussões. Qual era esse jornalismo entendido como o normal e que teria sido interrompido em 1964? Qual era o seu eixo? A que se prestava ou a que prometia se prestar e o que passou a servir?

2.1 Limitações da bibliografia sobre a imprensa no regime militar

São três os eixos básicos mais presentes na bibliografia consolidada sobre a imprensa e o regime militar no âmbito da história e das ciências sociais. Os dois primeiros podem ser descritos como a relação da imprensa com a detonação do regime militar (ABREU, 2004; CARVALHO, 2009) e, por outro lado e em outro momento, a relação da imprensa com a efetivação da abertura política (DUARTE, 1983; DASSIN, 1984; ABREU, 2005). Em ambos os casos a imprensa aparece como um instrumento manejado ora pelo governo, ora por tendências políticas da própria empresa jornalística, com vistas a atingir um determinado fim – o de dar suporte e de legitimar. No entanto, o caminho que interessa a este trabalho segue um terceiro eixo baseado no exercício do jornalismo, ou seja, que abrange o espaço que separa o primeiro do segundo e que não considera a imprensa apenas a partir da função de instrumento ou de veículo, mas como um espaço em que as narrativas são tecidas para além das intenções. E nesse espaço, a relação entre imprensa e regime militar tem sido vista em geral a partir da incidência da censura.

A despeito de não ser a censura uma invenção do regime militar,[39] estudar a imprensa nesse período significa a impossibilidade de se fugir do assunto, fundado na lembrança que permanece associada ao último período no qual ela existiu com mais força. E essa lembrança não raramente costuma evocar mais frequentemente o lado da violência, que causou um trauma partilhado por muitas testemunhas ainda vivas, do que o aspecto das estratégias e da negociação implícitos em qualquer tipo de interação. De fato, no regime militar, esses métodos de censura – uma das formas de repressão possível – realmente assumiram uma profundidade e uma abrangência ímpares, e por terem ocorrido num momento tão recente é razoável que chamem atenção. As suas características, que remetem a um processo burocratizado, mas sem regras muito claras, que aconteceu de forma heterogênea durante as etapas do regime e que era de fato praticado embora negado, emprestam ao artifício uma aparência esquizofrênica. Essa aparência já foi, contudo, recusada enquanto tal por Dassin (1984, p. 391-392) que afirmou a existência de um "sistema de censura centralizado com uma sequência institucionalizada de comando começando nos mais altos níveis do governo militar", ainda que a censura "não fosse uma instituição autoritária totalmente desenvolvida", e Carlos Fico (2002, p. 255), que nela enxergou indícios de um "projeto repressivo, centralizado e coerente".

São escassos os trabalhos que buscam analisar a imprensa e a mídia nesse período sob outros pontos de vista que não a censura e muitas vezes acabam por substituí-la por uma instrumentalização dos veículos que teriam sido, então, pragmaticamente empregados para defender ou possibilitar o golpe. Felizmente, algumas exceções têm permitido reflexões mais amplas, que consideram, por exemplo, o aspecto cultural e as consequências da adoção da censura, recusando um olhar simplesmente maniqueísta, como é o caso de Luciano Martins (1979), que discutiu os resultados da criação e da permanência de uma cultura autoritária a partir do que chamou de *geração AI-5*; de Silviano Santiago (1982), que deslocou o foco do problema para a mediação, lembrando que "a censura e a repressão não afetaram em termos quantitativos, a produção cultural brasileira", mas atingiram diretamente a mediação disso para o público, contribuindo para que nesse momento autoritário a sociedade tivesse a sua "sensibilidade esclerosada e

---

[39] De acordo com Glaucio Ary Dillon Soares (1989), essa discussão já existia no Brasil colônia, uma vez que D. Pedro I assinou, em agosto de 1821, um decreto que assegurava a liberdade de imprensa. E a censura continuou existindo em todos os outros períodos da história em maior ou em menor grau, ainda que tenham ficado mais marcados, por uma questão de intensidade e de evidência os períodos do Estado Novo e do regime militar.

o seu pensar-artístico embotado" e de Antonio Callado (2006), em palestra proferida em 1974, em plena ditadura, no Centro de Estudos Latino-Americanos, em Cambridge, na qual se perguntava sobre os efeitos causados por longos períodos de censura e sugeria que esses contextos em países latino-americanos poderiam contribuir para o estabelecimento de um jornalismo desequilibrado, uma imprensa que, posteriormente, não saberia reconhecer os limites de sua liberdade. Robert Darnton (1992), embora não se refira a um caso brasileiro, também produziu uma contribuição importante para o assunto quando se preocupou em entender o aspecto cultural da censura e as suas diferentes características e significados ao longo do tempo, ao comparar a censura no Antigo Regime e na Alemanha da década de 1980. Os exemplos mencionados não significam negar a censura como uma violência, mas significam a possibilidade de considerar outros aspectos questão.

Como regra geral, sobre o pano de fundo da censura, os estudos realizados sobre a atuação da imprensa durante o regime militar brasileiro têm observado o tema principalmente sob dois pontos de vista, relativos por um lado às restrições aplicadas pelo regime militar (DASSIN, 1984; JORGE, 1989; SOARES, 1989; AQUINO, 1999; KUSHNIR, 2004) e, por outro, à resistência ou à colaboração com o regime por parte dos jornalistas e veículos noticiosos (AQUINO, 1999; SMITH, 2000; KUCINSKI, 1991; KUSHNIR, 2004). Acreditamos que, apesar de sua importância, as duas perspectivas não cobrem todos os aspectos relevantes da questão. A ênfase na censura dá conta daquilo que os jornais não puderam dizer, por conta de uma imposição externa. O foco na questão da resistência ou adesão, por outro lado, traz o risco de alimentar um olhar polarizado sobre o período, e fazer da definição de dois lados, um dos heróis e um dos vilões, o objetivo fundamental da pesquisa. Em particular, essas perspectivas não dizem muito sobre a mediação que os jornalistas e as organizações jornalísticas desempenharam entre o regime, de um lado, e o seu público de leitores, do outro, durante os governos militares. Fala-se exaustivamente sobre os fatos, as imposições, mas fala-se muito menos sobre as estratégias dos jornalistas para se negociar com esse *modus operandi*, que acaba reduzido a aceitar ou não aceitar, opor-se ou aderir. Não se leva em conta que a simples separação apoio/oposição já nega o alcance do modelo ideal do jornalismo brasileiro moderno, objetivo, imparcial e independente construído na década anterior ao início da ditadura e que ainda se consolidava na ocasião do golpe. Além disso, os trabalhos até hoje produzidos acabam, em geral, reafirmando certos pressupostos naturalizados sobre as funções do jornalismo e que juntos formam o que chamamos de modelo liberal.

Embora boa parte da bibliografia já leve em consideração que a grande imprensa e a imprensa alternativa tinham interesses e produtos distintos, que ambas foram, em maior ou menor grau, alvos da censura e produziram, cada qual à sua maneira, reações a essas pressões, a polarização continua ressaltada na forma de crítica por um lado e orgulho pelo outro. Bernardo Kucinski (1991, p. XIII) justifica seu interesse pelos jornais alternativos, que denunciavam o desrespeito aos direitos humanos e formulavam críticas econômicas "em contraste com a complacência da grande imprensa para com a ditadura militar", esta que ecoava o "discurso triunfalista do governo". Os jornais alternativos políticos, que ele aponta como jornais ideais, foram os "únicos em toda a imprensa brasileira a perceberem os perigos do crescente endividamento externo, ainda em 1973, e o agravamento das iniqüidades sociais" (KUCINSKI 1991, p. XIV). Para além de estabelecer qual era o bom jornalismo em oposição ao jornalismo que não o inspirava, essa frase acaba definindo por meio dessa adjetivação que o papel ideal do jornalista seria o de monitorar as políticas do governo, criticá-las e alertar a sociedade em geral para seus perigos.

Joan Dassin (1984, s/p), em trabalho publicado antes mesmo do fim do regime, chega à importante constatação da "imprensa como uma instituição que reflete as conexões complexas entre os setores dominantes e os setores dominados da sociedade em todos os níveis de relações com o Estado, o público e o seu próprio pessoal", mas acaba por definir como objetivo de seu trabalho "encontrar, na dinâmica da abertura, algum insight sobre o comportamento e a influência da imprensa brasileira durante o período da transição política", que ajudaria a "explicar mudanças na política governamental para a imprensa, graus variados de eficácia na manipulação da mídia pelo governo, mudanças de postura da imprensa cara a cara com o governo e divisões internas dentro da imprensa". Recai, então, na visão instrumental da imprensa.

Situação semelhante verificamos com relação ao trabalho de Celina Rabello Duarte (1983), que reforça a imprensa como um instrumento utilizado pelo Estado para garantir a concretização do seu projeto. Segundo ela, a imprensa foi um fator fundamental para a viabilização do projeto de abertura política iniciado no governo Geisel e teve grande importância na rearticulação e reativação política da sociedade civil. A imprensa teria tido, na ótica do governo, as funções de despertar credibilidade no projeto de distensão, recuperar o imediato apoio dos empresários dos jornais e fornecer um importante canal de feedback da sociedade, informar o governo mais adequadamente a respeito do realinhamento político-ideológico, reverter as expectativas criadas à época do milagre econômico e acalmar elementos contestatórios e de pressão a partir da tolerância relativa de certo grau de dissidência. No entanto, mesmo assumindo tantos papéis importantes, são todos eles limitados pelo controle do Estado sobre a imprensa e sobre a própria liberalização. A imprensa aparece como um veículo adesista, utilizado especificamente para dar suporte a uma decisão política do governo.

Glaucio Ary Dillon Soares (1989) concentra sua análise na crítica às medidas de repressão e violência praticadas pelo Estado contra a imprensa e restringe possíveis negociações a donos ou diretores-chefes com dirigentes do governo, transformando a questão em empresarial e econômica. Embora pouco fale sobre o exercício do jornalismo mais propriamente, destina aos jornais o papel de informar, de dar conhecimento, quando foca nas proibições de divulgar. Isso fica explícito em dois momentos:

> A censura contribuiu para subtrair informações específicas do conhecimento da população [e] os problemas internos do regime tampouco podiam ser tornados públicos: o povo brasileiro não podia tomar conhecimento de demissões, dissensões, nomeações conflitivas, problemas sucessórios, nem de casos de corrupção militar. (SOARES, 1989, p. 39; 29).

As frases anteriores partem da suposição de que é função da imprensa informar e falar sobre o Estado para a sociedade em geral e de que a censura interrompe essa tarefa natural do jornalismo.

Paolo Marconi (1980, p. 11), abordando também a censura, afirma que na sua "indignação só via um responsável, aqueles que explicitamente se arrogavam o poder de determinar o que a opinião pública devia ou não saber". Mas ele não se questiona em nenhum momento se seria a imprensa quem teria, então, o exclusivo papel de determinar o que a sociedade deve ou não saber. Dizendo isso, torna-se mais um a reafirmar o papel da imprensa como o de informar, de se dirigir a e de representar a opinião pública. Em outro momento, ao afirmar que

> [...] foi exatamente a tentativa de criação de um mundo totalmente fictício, para concorrer com uma realidade palpável e desagradável, que levou os militares brasileiros a estabelecer – principalmente a partir de 1968 – uma violenta censura política às informações. (MARCONI, 1980, p. 27).

Endossa a perspectiva também naturalizada de que, na ausência da censura, teríamos então a verdade, a realidade, o cumprimento da missão jornalística de reproduzir essa realidade. Marconi (1980, p. 32) critica, ainda, as inúmeras "restrições 'legais' ao trabalho do jornalista, de informar o público (e ao seu direito de ser informado)". Ainda que a crítica às proibições seja necessária, ao dizer isso, reforça não só o caráter essencialmente informativo dos jornais, mas a sua relação com o público em geral no sentido de falar *para* e no sentido de falar *em nome de*.

Para Anne-Marie Smith (2000, p. 20), os jornalistas "são reconhecidos como empresários ou empregados do setor privado, mas também como servidores públicos cujas atividades são fundamentais para o bem comum" e a "liberdade de imprensa não é vista apenas como um fim em si mesma, uma manifestação da liberdade de expressão, mas como a garantia de muitos outros direitos e deveres políticos". Essas afirmações, assim como as de Marconi (1980), sugerem uma suposta missão da imprensa para com a sociedade em geral e a sua liberdade como condição básica para a existência do sistema democrático. Smith também reafirma, assim como Marconi e Soares, a função informativa da imprensa e a interrupção que o regime militar impôs sobre ela.

> O regime parece ter-se caracterizado em todos os níveis por um antagonismo fundamental contra a imprensa e por uma tendência a açambarcar e esconder informação. Uma atitude que considerava a notícia uma substância controlada, o povo uma entidade vulnerável e a imprensa algo de suspeito levava o governo a tentar fiscalizar as notícias. (SMITH, 2000, p. 87).

A característica autoritária do regime militar é posta de forma a justificar sua "natural" aversão às boas funções da imprensa. O fato de considerar a informação como um bem público justifica o espanto da autora com a tentativa do governo de fiscalizar as notícias, quando parece entender como premissa que, na verdade, seria a imprensa quem deveria fiscalizar o governo.

Todas essas características para as quais chamamos atenção nas entrelinhas desses autores, quando reunidas, ajudam a entender o modo pelo qual a imprensa é vista ou o modo pelo qual é entendida do ponto de vista de suas características e das funções que deve desempenhar. Constituem o modelo liberal de imprensa com o qual nos deparamos e que não é uma invenção do regime militar. Esse modelo é complexo porque é baseado em características que a imprensa intenciona desempenhar, o que não significa que desempenhe. É baseado em um discurso ideal incorporado pela imprensa e comumente reproduzido por quem a estuda em suas expectativas, no que "esperam" do jornalismo naquele período. É curioso que façam isso de forma naturalizada, inconscientemente, uma vez que o papel da imprensa não costuma aparecer como uma questão central nesses trabalhos.

Maria Aparecida de Aquino (1999) reserva um espaço de seu estudo para discutir a imprensa liberal. Seu esforço de acessar as raízes do liberalismo político, retomando John Locke e o pacto social e relacionando isso a uma naturalização da aceitação por certos grupos da desigualdade (entre os que possuem e os que não possuem) que levaria, então, à constatação dos limites entre o liberalismo e a democracia constituiriam um bom ponto de partida para uma discussão mais longa e aprofundada que não foi ainda realizada. No entanto, sua argumentação explica o liberalismo na imprensa a partir de questões exógenas ao exercício da função dos jornalistas. Ela parte da aplicação da teoria política que geralmente desemboca, para a imprensa, na questão *apoio à intervenção militar*, apoio à deposição de um presidente democraticamente eleito, e que é vista e revista na tentativa de explicar a questão que tanto encanta ainda os estudiosos: por que teria a imprensa apoiado um movimento político autoritário que rompeu com ideais democráticos? Portanto a argumentação da autora faz sentido especialmente no contexto da emergência do golpe e a rigor poderia ser aplicada a qualquer outra instituição. Mas quando aplicada ao jornalismo, tem o efeito de aproximar a imprensa de um *fourth estate* ao focar na vigilância sobre o governo e, consequentemente, confirma mais uma vez o modelo liberal de imprensa.

Beatriz Kushnir (2004) escolheu como seus objetos os jornalistas que deliberadamente colaboraram com o regime, ressaltando diversas vezes que esses representavam, na verdade, uma minoria. O mérito da autora está na decisão de estudar os "não heróis", ou seja, os que não se opuseram ao regime, já que são um aspecto menos considerado, o que contribui para desestruturar a imagem dos jornais, quando se fala em colaboracionismo, como entidades representadas unicamente por seus donos. Ao mesmo tempo, contribui para problematizar a imagem heroica, predominantemente de resistência, do jornalismo pós-1968:

> Assim, o discurso da reação, no sentido de oposição ao ato censório, construiu uma visão, por vezes mítica, da resistência, na qual se encerra igualmente toda uma memória, pessoal e

> coletiva, do papel que se desempenhou nos anos de chumbo. (KUSHNIR, 2004, p. 39).

Por outro lado, Kushnir reafirma a função especialmente informativa dos jornais ao abordar a censura. Para ela, "informar-se apenas pelas notícias permitidas é, no mínimo, apreender uma imagem bastante equivocada do tempo vivido" (KUSHNIR, 2004, p. 39). Ao dizer isso, assim como Marconi (1980), destina à imprensa a tarefa primeira de informar e pressupõe que na inexistência da censura seria ofertada, então, a imagem verdadeira (e, portanto, não equivocada) do mundo. O jornal é afirmado como um veículo da verdade.

A lacuna que permanece aberta em face de grande parte dos trabalhos anteriormente citados é investigar quais premissas e características internas ao "fazer jornalístico" que o aproximam de um modelo liberal. As características exógenas ou que não distinguem o jornalismo de outras práticas quaisquer, como a aplicação da teoria política, têm sido constantemente mencionadas. Essa tarefa exige uma pesquisa mais ampla e mais longa que não será resolvida no âmbito deste livro. Mas, a seguir, apresentamos um esforço inicial de identificação desses traços.

2.2 O modelo liberal

> *Nem o jornal, como veículo isolado, nem o jornalismo, como a soma dos veículos, abdicam de sua vocação liberal-democrática, expressa quase sempre numa maior proximidade com a classe média. [...] o fato é que o jornal contemporâneo tende a refletir melhor o sentimento do leitor, a observação isenta do acontecimento, a opinião independente, a fim de reproduzir a visão mais realista possível da vida em comunidade.*
>
> *(BAHIA, 1990, p. 371)*

As palavras de Juarez Bahia apontam para o discurso corrente acerca das características do jornalismo ocidental contemporâneo. Os ideais de neutralidade, independência e verdade são comuns a vários países, mas a forma como são entendidos, as ênfases, as diferentes distâncias entre a teoria e a prática, ainda que todos indiquem como fim um modelo liberal e democrático, podem apresentar consideráveis diferenças e precisam ser relativizados.

O fenômeno do liberalismo é de difícil definição e tem sua história muito ligada à história da democracia, sendo muitas vezes difícil definir o que é especificamente de um ou de outro (MATTEUCCI, 2002).[40] Esse trabalho não pretende discutir o liberalismo, mas é necessário advertir que a mesma dificuldade de definição caracteriza o adjetivo liberal (que atribuímos à imprensa) tanto por assumir o liberalismo características diversas ao longo do tempo quanto por assumir configurações diferentes em países distintos. Conforme Nicola Matteucci (2002, p. 688), a palavra liberal pode ser aplicada de formas diversas em contexto jurídico, político ou econômico e indica situações particulares em cada ambiente histórico e cultural. Em países como Inglaterra e Alemanha, "indica um posicionamento de centro, capaz de mediar conservadorismo e progressismo"; nos Estados Unidos, "um radicalismo de esquerda defensor agressivo de velhas e novas liberdades civis"; na Itália, a manutenção da "livre iniciativa econômica e a propriedade particular".

Especificamente sobre o jornalismo, o modelo liberal tem sido associado ao tipo de experiência dos Estados Unidos e parte de uma noção idealizada do jornalismo, uma perspectiva valorativa e pouco baseada em análises concretas. A maior referência teórica na atualidade para os estudos de sistemas midiáticos é *Comparing Media Systems*, de Daniel Hallin e Paolo Mancini (2004), no qual propõem três grandes modelos. Um deles é chamado pelos autores de modelo liberal ou anglo-americano, que atribuem especialmente aos Estados Unidos, à Inglaterra, ao Canadá e à Irlanda, embora esses países tenham características bastante distintas. Como fazem nos casos dos outros dois modelos, comparam nos países agrupados quatro dimensões – os níveis de paralelismo entre os sistemas político e midiático, o desenvolvimento do mercado midiático, a profissionalização jornalística e a intervenção estatal na mídia. Contudo, Hallin e Mancini constroem categorias que se aplicam em países democráticos, sendo nesses contextos muito úteis. Em contextos distintos, porém, tornam-se insuficientes, limitação que os próprios autores reconhecem e indicam. Países com históricos autoritários não são contemplados, uma vez que suas próprias características com relação às dimensões empregadas por Hallin e Mancini se distanciam bastante do que acontece nos Estados Unidos e nos outros países (ALBUQUERQUE, 2011). Por essa razão, quando falamos em modelo liberal não estamos a rigor aplicando o modelo teórico desenvolvido por Hallin e Mancini, baseado naquelas quatro dimensões fundamentais. Entendemos por modelo liberal o status concedido ao jornalismo a partir da função que pretende assumir

---

[40] Embora existam também democracias não liberais. Ver Matteucci (2002).

com relação à mediação entre a sociedade e o Estado, que, de fato, tem as suas heranças nesses mesmos países considerados por Hallin e Mancini, em especial os Estados Unidos e o Reino Unido.

A despeito das dificuldades de definição bem fundamentada, algumas características referentes ao papel desempenhado pelos jornais inegavelmente delineiam esse modelo. Em primeiro lugar o papel informativo, segundo o qual a imprensa desempenha a função primordial de prover o indivíduo com informação. O ideal democrático é uma sociedade que, sendo bem informada, faz escolhas responsáveis e conscientes. Nesse contexto, os jornalistas assumem o papel de colaboradores-chave, já que providenciam essas informações por meio das quais os cidadãos se tornarão aptos a julgar e a fazer escolhas (MCNAIR, 2009). Essa perspectiva de um agente que prepara, possibilita, faz amadurecer, é apresentada como um trunfo que justifica a primeira razão de ser dessa atividade profissional. Mas, se revista criticamente no caso brasileiro, levou a algumas manifestações perigosas. Primeiro a uma perspectiva iluminista, de que há setores que devem ensinar à sociedade; que essa sociedade precisa desses setores para tomar consciência e efetuar, então, decisões comprometidas e sensatas, do que depende a "boa" democracia; segundo, a ideia de que o "bem comum" deve ser atingido e de que são esses os setores capazes de indicar qual seria esse "bem maior"; terceiro, a ideia de que o jornalismo é a instância política fundamental, ou seja, prover essa informação basta para que a sociedade esteja madura e pronta.

Essa última pressuposição leva à segunda manifestação, que entende o jornalismo como um *fourth estate*, segundo o qual, na tradição liberal britânica, assume o lugar de um contrapoder que funcionaria como um controle externo ao governo em defesa dos cidadãos e que se desdobra na concepção de *watchdog*. O indivíduo deveria, então, ser resguardado do poder do Estado, e o papel que o jornalismo assumiria seria o de vigiar esse Estado em benefício do cidadão. No caso brasileiro, o perigoso desdobramento desse sentido é elevar o jornalismo a um superpoder, como um árbitro, que está para além dos poderes clássicos e dos cidadãos.

Essas considerações sintetizam as funções que costumam ser atribuídas aos jornalistas dentro do modelo liberal. São premissas que vêm sustentando a análise do jornalismo brasileiro contemporâneo porque foram naturalizadas e produziram uma relação que reforça uma dupla dependência, que vê o jornalismo político desempenhando um papel fundamental para a existência da democracia e que vê a democracia como o ambiente naturalmente possível para a atuação dos jornalistas. Essas relações se tornam estorvos quando não são problematizadas e quando limitam o nosso entendimento acerca do jornalismo em outros contextos que não sejam democráticos por uma simples razão: em regimes autoritários elas não se verificam.

A atuação dos jornalistas durante o contexto autoritário é efetiva, mas não no parâmetro liberal. A imprensa não funciona como um *fourth estate* e falha mesmo em sua perspectiva informativa por razões óbvias. Ainda assim, é preciso problematizar o discurso que afirma que o que impedia os cidadãos nesses contextos de serem conscientes era a opressão; que, suprimidas a violência e a repressão, o mundo voltaria ao "curso normal das coisas", com o jornalismo a esclarecer e a proteger os cidadãos. A maior função que essa perspectiva acaba desempenhando é a de reafirmar o modelo liberal.

Muito disso se deve, provavelmente, a outra pressuposição equivocada também presente no embasamento desse modelo. Tanto a perspectiva informativa quanto a do *watchdog* partem da premissa liberal de que o jornalismo se dirige primordialmente ao público em geral, à sociedade civil (para informar ou proteger). Discutindo sobre a responsabilidade externa que a imprensa, como outros poderes políticos, deveria ter, Colin Sparks (1995, p. 51) ressaltou que "tanto o contexto das observações originais quanto a suposição geral da tradição democrática são de que essa responsabilidade é ou deveria ser em primeira instância dispensada aos cidadãos".[41] Assim, a expectativa seria a de que fala *sobre* o Estado *para* a opinião pública. Essa pretensão, como se verá mais adiante, para o recorte deste trabalho não procede.

Não só no Brasil, mas em outros regimes autoritários ou de transição recente essa consideração não se aplica, como se pode perceber a partir de alguns exemplos recentes que têm sido produzidos. Jane Curry (2009), por exemplo, considerando o caso polonês, falou sobre o início da década de 1980, quando surgia a Solidariedade, que buscava um caminho independente em relação ao governo comunista. Os jornalistas e o jornalismo poloneses desempenharam importante papel na luta do sindicato e estavam igualmente no centro das preocupações do governo. Em meio às disputas, "lutaram com os dois lados pelo direito de que lhes fosse permitido produzir o que eles sentiam, como profissionais, que fosse o certo" (CURRY, 2009, p. 2),

---

[41] Tradução da autora a partir do original: "Both the context of the original remarks and the general supposition of the democratic tradition is that this responsibility either is, or should be, discharged in the first instance to the citizens" (SPARKS, 1995, p. 51).

o que nos leva a crer que os jornalistas se dirigiam muito mais às forças políticas em questão, com quem tinham algo a disputar enquanto grupo, do que à opinião pública.

O caso da China também é interessante porque dispensa o modelo liberal a partir do momento que nega a função de *watchdog* num país onde a mídia não é independente do governo. Por essa razão, um modelo alternativo demonstra que a mídia não funciona como um advogado da sociedade chinesa. Naquele país, é chamada de *Yu Lun Jian Du* a função da mídia de examinar, investigar a atividade governamental. Para Huang Dan (2011), a maior parte dos acadêmicos concorda que esse conceito define o direito da mídia de escrutinar o processo de tomada de decisões no âmbito governamental, mas ele tem suas raízes na campanha de "crítica e autocrítica" lançada em meados dos anos 1950 pelo Partido Comunista Chinês, o que significa que não foi uma proposta da própria imprensa, mas um estímulo que surgiu do Partido. A primeira resposta a isso, para quem tem como referência o modelo liberal, seria o ímpeto de equivaler o *Yu Lun Jian Du* ao papel ocidental do *watchdog*, quando, na verdade, deveria ser entendido como o oposto. Enquanto o conceito de *watchdog* é definido como o de um fiscal independente do poder político, tanto a antiga noção de "crítica e autocrítica" quanto o atual *Yu Lun Jian Du* são um "empoderamento estratégico sob a liderança exclusiva" do Partido, de quem a mídia chinesa permanece, então, como porta-voz (DAN, 2011).

Os dois casos mencionados são particularmente interessantes por duas razões: porque ambos se distanciam das características antes relacionadas ao modelo liberal e pelas suas comparações com o caso brasileiro. Ao contrário do que acontece na China, durante o regime autoritário brasileiro a imprensa não atuou apenas como porta-voz do governo. Na China, como em alguns outros países,[42] a mídia está sob controle direto do Estado e, monopolizada, serve de "alavanca de propaganda do partido no poder" (MCCARGO, 2003, p. 5). O caso brasileiro é diferente porque, inseridos numa série de ambiguidades discutidas no primeiro capítulo, não existia apenas um partido e os veículos de mídias pertenciam a diversos donos privados. A reação a isso, pelo menos com respeito à grande imprensa, tem sido muitas vezes a de tachar esses veículos de adesistas para explicar um suposto apoio consentido. No entanto, muitos trabalhos têm mostrado estratégias mesmo desse grupo para resistir à censura. No caso específico

---

[42] Como Burma, Vietnam e Laos (MCCARGO, 2003).

desse trabalho verificamos que, contrariando o que muitas vezes espera o senso comum, *O Globo* não fez apenas propaganda em favor do Estado ou não fez isso de forma homogênea, deixando de assumir o lugar de um agente de exaltação, quando excluídos os editoriais.

Nisso nos aproximamos do caso polonês. Mesmo que lidando com o espaço da voz do dono, os jornalistas buscaram em geral um tom que não se confundia com aquele espaço mesmo que não de forma sempre ativa no sentido clássico. O reflexo disso, e ainda outra semelhança com os poloneses, é que, na impossibilidade de serem diretos, a estratégia (consciente ou inconsciente) desses jornalistas resultou na definição de um público que não era a sociedade civil, mas sim o Estado. No recorte pesquisado a cobertura dos discursos dos presidentes e dos ministros militares, em grande parte reproduções, configura a instituição militar falando para a instituição militar num movimento em que se dispensa o papel do jornalista. A mensagem clara, de afirmação civilizatória, é militar e não passa pela lógica da sedução. Os generais falam e torna-se público o que eles dizem. Dispensa-se a sedução por parte dos militares que falam e por parte dos jornalistas que não atuam sequer no sentido de reivindicar o consentimento do público. É um ritual de estado que dispensa a população e os jornalistas. Ao contrário do que se costuma, então, conceber – que o jornal é um mediador que representa a sociedade frente ao estado –, o Estado é o público.

A bibliografia consultada para este trabalho, que ressalta o papel da censura no estudo da imprensa durante o regime militar, reserva especial atenção ao aspecto que chama de autocensura. Em geral, considera-se que a autocensura seria o resultado das ordens "superiores" proibitivas que chegavam às redações por meio de bilhetinhos ou telefones e da adesão do jornal a essas instruções. A grande imprensa teria majoritariamente sucumbido à autocensura durante o regime pela sensação de que "como instituição não tinha outra alternativa" (SMITH, 2000, p. 187). A partir do governo Geisel, com o fim gradual da censura prévia e a retirada dos censores das redações, a autocensura entraria numa nova fase tendo como base o conceito de responsabilidade, já que os próprios jornais passariam, num contexto histórico de mudança e ainda incerto, a ser responsáveis pelo que dissessem, o que foi a eles informado de forma ameaçadora, como no caso de *O Estado de São Paulo*, cujo secretário de redação, Oliveiros Ferreira, recebeu, em janeiro de 1975, um telefonema avisando sobre a suspensão da presença[43] dos censores no jornal, ao que respondeu:

> – Mas, então, quem responde pelo jornal?
>
> – Ah, isso é problema seu. Até logo. (KUSHNIR, 2004, p. 17-18).

A nova fase da autocensura, deslocada integralmente para a administração do jornal, fez-se a partir de um pacto de responsabilidade (KUCINSKI, 1998; KUSHNIR, 2004). Vinha embutida nele a noção de que retirar a censura era uma concessão, um favor, um voto de confiança que deveria ser retribuído com responsabilidade (KUSHNIR, 2004, p. 19). Mas o que isso significou para o jornalismo e o exercício da sua função? Quando a noção de responsabilidade foi ressaltada, ela se superpôs à noção de informação. Ainda que o discurso quanto à busca da verdade não tenha mudado, continuando como um dos aspectos fundamentais requeridos no modelo liberal, ele foi flexibilizado dentro de uma lógica clientelista e paternalista, na qual a fidelidade para com a fonte ou a autoridade se tornou mais importante do que o próprio conteúdo, a informação. Esse movimento leva a crer, novamente, que por vezes as relações principais dos jornais não são necessariamente "pelo bem" do público em geral. A autocensura renovou essa discrepância, mas não a fundou. Talvez não devesse ser vista exatamente como um pecado original, mas como parte de uma lógica reforçada pelo regime militar, mas que não nasceu com ele.

Diante do que foi até aqui exposto, dois caminhos alternativos poderiam ajudar a compreender o que acontece. Primeiro, poderíamos dizer que a imprensa na ditadura cedeu e falhou em desenvolver o modelo liberal. A segunda opção seria admitir que, por costume e pela escassez de trabalhos que investiguem essa questão, naturaliza-se um modelo que é limitado e não ajuda a compreender particularmente o exercício do jornalismo em países autoritários ou de transição recente. A primeira opção pode ser recusada por duas razões: porque demandaria a crença de que "a culpa é da ditadura" que teria interrompido o bom desenvolvimento do modelo liberal e porque essa resposta pressuporia que esse é o modelo ideal e que se desenvolveria naturalmente. Por essas razões, tendemos a escolher como caminho a segunda alternativa.

---

[43] Havia censores presentes na redação de *O Estado de São Paulo* desde dezembro de 1968.

A adesão a esse modelo, como se pode perceber, corrobora duas premissas. Por um lado, a de que o regime militar foi monolítico e, por outro, a de que a atuação dos jornais também foi monolítica. O primeiro capítulo foi dedicado a rever a primeira, discutir as ambiguidades e tensões internas ao regime militar: a manutenção do Legislativo funcionando, embora subordinado ao Executivo; a manutenção de eleições, mas não para todas as funções de liderança; a manutenção de um partido de oposição, mas controlado; os grupos de interesses distintos dentro da instituição militar e do governo; a existência de um governo autoritário, mas que buscava constantemente se legitimar; momentos de sístoles e momentos de diástoles políticas.

2.3 Ambiguidades do "fazer jornalístico"

Com esse ambiente heterogêneo a imprensa negociava. Não era evidente que grupo triunfaria durante o regime e levando-se em consideração a possibilidade do seu término. Não se sabia, portanto, com quem seria necessário "prestar contas". Ao mesmo tempo, em cada jornal também havia ambiguidades próprias às suas dinâmicas internas. O *Correio da Manhã* é um bom exemplo inicial dessa heterogeneidade, seus editoriais na ocasião da instauração do regime se transformaram em emblemas do adesismo, mas é também conhecida a coluna de Carlos Heitor Cony, que nos imediatos meses que se seguiram ao golpe não poupou críticas claras ao governo recém-instalado e sugestões favoráveis à volta ao estado de direito, enquanto boa parte das vozes de oposição ao regime levou ainda algum tempo para emergir. O próprio Cony introduz outro aspecto interessante na caracterização dessas ambiguidades.

Cony foi preso seis vezes por motivos ideológicos; ao ser indagado sobre suas tendências políticas, definiu-se como "inteligente o bastante para não ser de direita, mas muito rebelde para ser de esquerda" (KUSHNIR, 2000, p. 91). Como foi dito anteriormente, em geral os jornalistas que se opuseram ao regime são vistos como esquerdistas e revolucionários. Ruy Mesquita, jornalista d'*O Estado de São Paulo* e do *Jornal da Tarde*, ambos de propriedade de sua família, ao considerar a vantagem da censura do ponto de vista promocional para o primeiro jornal, afirma que ele próprio, que era "pichado de reacionário, [virou] herói de estudante, como exemplo de luta pela democracia" (SOARES, 1989, p. 37). Por outro lado, a afirmação anterior, de Carlos Heitor Cony, nos dá pistas para entender outra característica ambígua dos grandes jornais durante o período autoritário, a existência de jornalistas esquerdistas, entre os quais alguns de fato ligados a organizações políticas de esquerda, atuando nos quadros dos grandes jornais. Em *O Globo* essa presença era relevante e foi descrita em alguns depoimentos. Luiz Garcia, que chefiou o *copy desk* entre 1961 e 1962 e voltou a trabalhar no jornal em 1974, apontou Lucílio de Castro, secretário de redação no início dos anos 1960, como "um velho comunista, muito simpático, muito bonzinho" (LUIZ GARCIA, 2008, s/p). O depoimento de Evandro Carlos de Andrade, que dirigiu o jornal entre 1972 e 1995, confirma a presença desses jornalistas:

> Havia realmente uma porção de esquerdistas, e o clássico era o Franklin Martins de Oliveira, que era mantido pelo dr. Roberto desde antes de eu chegar. Quando quiseram demiti-lo, o dr. Roberto disse ao Juracy Magalhães, na época Ministro da Justiça: "Dos meus comunistas eu cuido, na minha casa ninguém se mete". (ANDRADE, 2003, p. 35).[44]

Merval Pereira Filho, que foi repórter d'*O Globo* credenciado no Palácio do Planalto em 1974, chefe da sucursal de Brasília em 1977, editor de política em 1982 e sucessor de Evandro Carlos na direção do jornal, também afirma, em depoimento, que teve contato com "jornalistas ligados ao Partido Comunista na época: o Milton Coelho da Graça, o Milton Temer (hoje deputado pelo PT), o Caban... E também com colegas que participaram da luta armada" (PEREIRA, 2003, p. 52). Henrique Caban, secretário de redação d'*O Globo* a partir de 1971, foi mencionado também por Luiz Garcia como ligado ao Partido Comunista Brasileiro, fato que curiosamente não se apresentava como um empecilho para a sua atuação frente à direção do jornal.

> Era um fato aceito que os comunistas eram bons jornalistas. E o comunista não estava lá para deturpar a notícia contra o interesse do patrão. Ele estava lá porque era o emprego dele e ele era comunista lá fora. Eu me lembro de um episódio, do Henrique Caban, que era o secretário de redação e o Dr. Roberto Marinho, que gostava dele. Um dia aparece uma ordem lá do DOPS que o Caban tinha que ir lá falar. Aí o Dr. Roberto chegou assim e perguntou: "o que é isso"? É um dinheiro que eu tenho, Dr. Roberto". "Como é que você tem esse dinheiro"? "Não sei". "Como é que você deu esse dinheiro? Como é que você dá cheque do Partido Comunista? Isso se dá em dinheiro vivo". A reclamação dele foi da burrice do Caban de dar o cheque.

---

[44] Juracy Magalhães foi ministro da Justiça de outubro de 1965 a 14 de janeiro de 1966.

> O fato de ser comunista, ele estava cansado de saber. Ele era um comunista dele. "Dos meus comunistas, eu cuido"! E isso ele fez uma vez. Teve uma reunião com o Juracy Magalhães no Ministério da Justiça em que ele deu um esculacho geral em todo mundo. Quer dizer, todo mundo lá podia ser comunista à vontade, desde que não atrapalhasse o jornal dele. (LUIZ GARCIA, 2008, s/p).

Ao contrário do que se poderia esperar, a presença de um número expressivo de comunistas no jornal não parece ter influenciado a sua cobertura de modo a aproximá-la de uma agenda esquerdista ou, mesmo, de oposição ao regime. Ao contrário, os comunistas parecem ter sido bastante discretos na sua atuação profissional, sendo, não raro, objetos de elogios por parte dos seus superiores a esse respeito. Diante disso, Afonso de Albuquerque e Marco Roxo da Silva (2009) sustentam que os jornalistas comunistas eram preparados, leais e disciplinados. Com experiência na clandestinidade política, eram discretos, conheciam as "regras do jogo" e por isso ofereciam profissionais ideais para a modernização do jornalismo brasileiro entre as décadas de 1950 e 1970. Nahuel Ribke (2011, p. 661) chama atenção para a presença também de escritores de telenovelas na rede Globo "famosos por suas visões críticas e sua ideologia de esquerda", como Alfredo Dias Gomes e Oduvaldo Vianna Filho, que migraram do teatro para aquela emissora entre a segunda metade da década de 1960 e o fim da década de 1970. Durante o período autoritário, enquanto as portas para outras atividades culturais foram fechadas para eles, a Rede Globo de Televisão os recebeu. Ribke propõe ultrapassar o debate dicotômico de coação x resistência para analisar os motivos e as estratégias de negociação, tanto do lado desses escritores quanto do lado da própria rede de TV.

Além das questões internas aos jornais, o contexto político instável exigia negociações. A preparação de um documentário sobre a trajetória do diretor Roberto Marinho, noticiada em *O Globo*, traz outra passagem interessante nesse sentido:

> João Roberto [Marinho][45] diz que, quando Getúlio se matou, a população se voltou contra seus adversários. Por isso, lembra o jornalista Cláudio Mello e Souza, que era assessor de Roberto Marinho, O GLOBO foi o primeiro jornal do Rio a ser apedrejado. O ato foi uma aula da qual ele jamais se esqueceu. E, a partir daí, tornou-se "grande amigo do governo, qualquer governo" (*O GLOBO*, 2011, s/p).

---

[45] João Roberto Marinho é um dos filhos de Roberto Marinho.

De todo modo, fica claro com tudo isso que o governismo d'*O Globo* é um fenômeno mais complexo do que parece à primeira vista e que, portanto, merece estudos mais aprofundados.

Durante o regime militar a repressão não atingiu apenas estudantes e militantes de menor projeção pública. Em janeiro de 1971, por exemplo, Rubens Paiva, que era ex-deputado federal por São Paulo (1963-1964), cassado ainda em abril de 1964, e ex-diretor da sucursal paulista do jornal *Última Hora* (1965), foi preso em sua casa e tornou-se um "desaparecido político".[46] Poucos meses depois, em julho de 1971, Luiz Eduardo Merlino, repórter do *Jornal da Tarde*, foi preso na casa dos pais, em Santos (SP), levado para o DOI-Codi e dois dias depois estava morto em consequência da tortura.

Ao contrário do que se poderia esperar, essa situação se agravou exatamente no período em que se iniciou a partir do próprio governo a distensão. O governo Geisel é um período complexo, particular, e tem sido apontado como o marco inicial da abertura política (DUARTE, 1983; DASSIN, 1984; STEPAN, 1986). Muitos autores destacam que o governo nesse período tenha concretamente se aproximado da imprensa com o intuito de cativar seus membros com relação à política da abertura. Ao mesmo tempo, o processo de abertura não ocorreu de modo simples ou unidirecional. Iniciativas de distensão se misturaram a outras, de caráter repressivo. Isso ocorreu em boa medida porque a instituição militar não era coesa e uniforme, mas fissurada, internamente dividida em torno de projetos diversos de governo, que opunham os militares "moderados" aos da "linha dura", como foi discutido no primeiro capítulo. Nesse ambiente, a prisão e a morte, sob tortura, do jornalista Vladimir Herzog, em outubro de 1977, representaram um marco. Vlado, como era conhecido, era diretor de telejornalismo da TV Cultura, posto que assumiu a convite do secretário de Cultura do estado de São Paulo, com o consentimento de Paulo Egídio Martins, nomeado governador (1975-1979) daquele estado pelo presidente Geisel. O caso Herzog costuma ser tomado em consideração para ilustrar as brigas internas ao regime sobre a decisão de realizar a abertura. De qualquer forma, a morte nessas circunstâncias de um jornalista que ocupava um cargo para o qual havia sido indicado por representantes do governo

---

[46] A esposa de Rubens Paiva, Eunice Paiva, enviou uma carta ao Conselho de Defesa dos Direitos da Pessoa Humana, da Câmara dos Deputados, ainda em 1971, afirmando, com base no relato de testemunhas, que seu marido havia sido preso por militares da Aeronáutica, depois transferido para o Destacamento de Operações Internas do I Exército, na zona Norte do Rio de Janeiro, onde foi torturado até a morte. Ver o verbete *Rubens Paiva* (ABREU *et al.*, 2001).

ilustrava as dificuldades com que os jornalistas em geral precisavam lidar. Não havia apenas um regime ao qual aderir.

Pouco tempo depois, no dia 17 de janeiro de 1976, o operário Manoel Fiel Filho foi preso, acusado de participar da distribuição de um periódico comunista, e morto sob tortura no mesmo II Exército. O caso detonou uma das maiores crises que se tornaram públicas dentro da instituição militar e resultou na demissão do general Ednardo D'Avila, comandante do II Exército. Se na ocasião da morte de Vlado *O Globo* publicou uma discreta matéria descrevendo a nota oficial daquele batalhão sobre o *suicídio* do jornalista, no dia 20 de janeiro de 1976, nota-se uma estratégia do jornal para ligar a morte de Fiel Filho à demissão do general. Sem ter havido qualquer comentário sobre a morte nos dias anteriores, nesse dia na mesma página há um quadro no lado esquerdo superior da página que reproduz a nota oficial do II Exército sobre a morte e a intenção de investigá-la (*O GLOBO*, 1976d). No lado direito superior da página, outra nota informa que o presidente Geisel nomeava outro general, Dilermando Monteiro, para substituir Ednardo no comando daquela instituição, à qual se seguia a biografia do novo comandante (*O GLOBO*, 1976e). No dia seguinte, 21 de janeiro, o jornal descreve ainda o fato de Ednardo ter passado o cargo a um substituto antes de passá-lo ao sucessor escolhido por Geisel (*O GLOBO*, 1976f). No dia 22, outra nota reproduz a afirmação de Dilermando de que assumia "com tranquilidade" o posto (*O GLOBO*, 1976g). No dia seguinte, mais uma pequena nota lembrava que Dilermando havia assumido o controle do II Exército e, na mesma página, outra nota informava ter ficado pronto o laudo sobre a morte de Fiel Filho, ainda que não se mencione seus resultados (*O GLOBO*, 1976h). E, finalmente, no dia 24, uma matéria de capa reproduzia a afirmação do novo comandante Dilermando de que "em princípio, não [haveria] qualquer alteração no combate à subversão e à corrupção" (*O GLOBO*, 1976i, s/p). Essas matérias que aparentemente dizem pouco sobre o regime, quando vistas em conjunto denotam algum esforço dos jornalistas em ressaltar as divisões no interior da instituição militar e do regime militar, ao mesmo tempo que parecem querer mostrar que, embora fosse perigoso associar a morte do operário a essas disputas e à tortura praticada pelo regime, isso poderia ser feito de uma forma discreta. Isso não significa, contudo, que esses jornais estivessem necessariamente se dirigindo ao público em geral. É possível que o próprio governo fosse muitas vezes o primeiro alvo dessa negociação.

Ressaltamos que na ditadura militar brasileira, os jornalistas d'*O Globo* não atuaram sempre como porta-vozes do governo mirando o público, como será demonstrado no capítulo a seguir. Ao contrário, ao reportar os aniversários do golpe militar durante o regime eles se retiram. De alguma forma percebem que nesse contexto há algo perigoso e inconstante e abdicam de seu lugar de jornalistas com atuação política ativa até um determinado momento. No recorte pesquisado a cobertura dos discursos dos presidentes e dos ministros militares, em grande parte reproduções, configura a instituição militar falando para a instituição militar num movimento que muitas vezes dispensa o papel do jornalista. Para entender essa dinâmica é indispensável entender primeiro que a atuação desses jornalistas foi, portanto, muito mais complexa do que se costuma considerar.

CAPÍTULO 3:

MEDIANDO A "REVOLUÇÃO": AS NARRATIVAS DE *O GLOBO* SOBRE OS ANIVERSÁRIOS DO GOLPE MILITAR

Neste capítulo analisamos as matérias do jornal *O Globo* publicadas entre os dias 30 de março e dois de abril de 1965 a 1984, referentes às comemorações oficiais dos aniversários da "revolução" de 1964, durante o próprio regime militar então instaurado. Esse material poderia ser considerado a partir de dois enfoques: um deles levaria em consideração o conteúdo dos discursos militares e as relações existentes entre as duas instituições: a jornalística e a militar. Outro caminho enfocaria a cobertura e o papel jornalísticos atribuídos aos eventos anualmente. Por se tratar de um trabalho de comunicação, optamos pelo segundo caminho.

Consideramos como oficiais as comemorações em que estiveram presentes cada presidente da República e os ministros militares, ou seja, do Exército,[47] da Aeronáutica e da Marinha, uma vez que o presidente é o líder do Executivo e responde pelo "governo", enquanto os ministros militares são personagens-chave em contexto de ditadura militar e respondem pela instituição militar.

Do lado dos jornalistas, a escolha desses eventos significou a publicização do ritual que tematizava o regime. E as formas que essa publicização assumiu são uma ocasião privilegiada para se discutir a autonomia jornalística. Num período em que as eleições presidenciais eram indiretas, os jornalistas precisavam renovar e legitimar o seu papel entre a sociedade e as lideranças políticas, criando um espaço público que de alguma forma pudesse suprir a carência de outras instituições. Ao mesmo tempo

---

[47] Havia um ministro da Guerra até 1967. Esse ministério passou então a se chamar Ministério do Exército.

e por razões semelhantes, o jornal era um espaço importante para que os governos militares se legitimassem nacionalmente.

A questão da mediação tem sido, grosso modo, considerada a partir da naturalização de um modelo liberal, como foi discutido no capítulo anterior. Na última década estudos internacionais têm sido produzidos visando a comparar as mídias em diversos países e a tentar compreender o que faz com que cada uma tenha as suas particularidades e se assemelhe ou se diferencie das que existem em outras regiões (MCCARGO, 2003; HALLIN; MANCINI, 1993; 2004; VOLTMER, 2008). Atualmente os três modelos propostos por Hallin e Mancini (2004) permanecem como grandes referências para se entender as mídias em suas relações com a política em contextos distintos. Esses três modelos – liberal, corporativista democrático e pluralista polarizado –, como os autores deixam claro, foram desenvolvidos a partir dos exemplos de países capitalistas da Europa Ocidental e da América do Norte. Pela ausência de outros modelos que contemplem as áreas deixadas de fora nesse estudo (por exemplo, América do Sul, Ásia e África), torna-se tentador enquadrar outros casos em suas conclusões.

No entanto, várias características políticas, culturais, sociais e econômicas tornam esses casos distantes das possibilidades de comparação com os modelos teorizados, como os próprios autores, Hallin e Mancini, atentam na introdução de seu livro. Ao limitarem seu estudo àquelas regiões, tratam de sistemas com níveis econômicos relativamente comparáveis, além de culturas e histórias políticas razoavelmente comuns, e, sendo assim, seus modelos não deveriam ser aplicados em outros contextos sem as devidas adaptações. A definição do modelo liberal, com o qual se costuma identificar as democracias ocidentais, como foi dito, não é totalmente clara e há uma tendência de se englobar nele os países da América do Sul. No entanto, o Brasil tem um passado de regime autoritário e seu processo de transição política se deu muito recentemente (como aconteceu também em outros países do Cone Sul, do leste europeu, da Ásia, da África) e não partilha, portanto, da mesma tradição liberal e politicamente democrática de longa data comum aos países considerados por Hallin e Mancini.

O objetivo perseguido ao examinar essas matérias foi o de analisar o exercício da profissão dos jornalistas durante o regime militar. A atuação desses jornalistas não foi simples, tampouco foi monolítica dentro de cada ano ou mesmo ao longo do tempo. Pretende-se mostrar que cada exemplar desse jornal não era feito a partir de uma voz soberana, mas de várias vozes diferentes, embora somente a voz do editorial tenha sobressaído até o presente momento. Por essa razão consideramos que o jornal construiu *narrativas* sobre o regime e não uma narrativa estática. As preocupações que guiam este capítulo são as de mapear o *status quo* complexo do jornal nesse período e de examinar de que forma isso representava a atuação dos jornalistas num período adverso da história nacional. Alguns elementos refletem a busca pela estabilidade, outros tornam evidentes as tensões e as incertezas existentes. O ritual comemorativo do golpe pode ser entendido por dois ângulos, um sincrônico e outro diacrônico. O primeiro dá conta de elementos distintos que coexistiam no espaço jornalístico. O segundo abrange a dinâmica das mudanças que podem ser verificadas ao longo do tempo.

3.1 A cobertura de um ritual: o jornal como agenda e como anais

O *31 de março* foi lembrado durante todo o regime militar e comemorado anualmente desde o seu primeiro aniversário, em 1965. Conforme argumentado no capítulo 1, foi a principal cerimônia de comemoração dos governos militares, já que nela o regime justificava o seu presente em relação ao marco fundador representado pela "revolução de 64". Conforme Pierre Clastres (2003, p. 169), toda tomada de poder é também uma aquisição de palavra. Nesse tempo, alguns aspectos das comemorações que permaneceram estáveis foram o pronunciamento dos presidentes militares e as ordens do dia dos ministros militares que constituíram seu núcleo principal. E era em torno dele que se fazia a cobertura jornalística que interessa a este trabalho. Do ponto de vista jornalístico, esses eventos também foram lembrados e cobertos anualmente. De 1965 a 1984, em todos os anos, espaços do jornal, nas primeiras páginas e no seu interior, foram dedicados aos pronunciamentos em ocasião dos aniversários do golpe. Em todos os anos a maior parte desse espaço foi preenchida pela reprodução na íntegra desses pronunciamentos dos presidentes e dos três ministros. As matérias – a voz do jornalista – ocupavam espaço menor, geralmente introdutório e, num primeiro olhar, aspecto especialmente descritivo.

Para o governo essas reproduções tinham a função importante de dar uma dimensão nacional para a data, levar as instruções dos governantes ao maior número possível de pessoas e estabelecer como consenso quem eram os líderes do país, uma vez que a televisão era uma via ainda recente. Como será mostrado mais à frente, essas reproduções dos pronunciamentos em geral vinham acompanhadas de uma rápida apresentação predominantemente descritiva e breve por parte dos repórteres. Mas, diante disso, é legítimo perguntar: qual era, então, a função do jornalista? O que fazia com que esses discursos anuais e, por isso, repetitivos fossem transformados em matérias jornalísticas dignas de chamadas nas primeiras páginas? Nem sempre um presidente da República simplesmente por ocupar essa função foi considerado como o personagem político mais importante. Schudson (1993, p. 279), em trabalho sobre as convenções noticiosas na imprensa e na televisão, mostrou que nos Estados Unidos a cobertura das mensagens do Estado de União, feitas pelos presidentes norte-americanos perante o Congresso, ao longo do tempo mudaram "radicalmente, para dar ênfase ao presidente em desfavor do Congresso". Da mesma forma, Hallin e Mancini (1993, s/p), ao analisar notícias televisivas na Itália e nos Estados Unidos na década de 1980, afirmam que "o principal ator na cobertura americana é o presidente; na Itália, o partido político". No caso brasileiro tratava-se de um período ditatorial em que o presidente não era eleito diretamente, mas que, como líder político máximo da nação, havia-se atribuído o poder de fechar o congresso, ainda que poucas vezes, e era, portanto, o mais efetivo porta-voz do governo. Por outro lado, o sistema bipartidário, que aglutinou setores políticos muito distintos em apenas dois lados, conforme mencionado no capítulo 1, tinha pouca autonomia para atuação em relação ao Executivo e, por isso, tinha pouca credibilidade como espaço de luta política para a sociedade civil. A sucessão presidencial foi, então, um dos assuntos mais proibidos; na maioria dos casos não podia ser sequer mencionada. Esse quadro define os presidentes do regime militar como personagens importantes já que os únicos realmente autorizados a falarem sobre o regime e sobre a política em âmbito nacional. Por outro lado, os ministros militares tinham a função de representar um equilíbrio de forças do regime, ainda que simbólico, já que todos os presidentes do período foram membros do Exército e que, entre esses três ministros, era evidente a supremacia do ministro também do Exército. O que reforça isso é que nas ocasiões em que houve chamada na primeira capa para ordens do dia de algum ministro, este era geralmente da Guerra (até 1967), posteriormente do Exército.

Geralmente nos dias 30 de março os pronunciamentos dos ministros militares antecipavam a comemoração que se daria no dia seguinte. E eram publicados no mesmo dia e antes mesmo de serem lidos nos círculos militares. Isso fazia com que, por um lado, o jornalismo assumisse a função de fornecimento de uma agenda. De definição do que seria selecionado como notícia. As repetidas reproduções dos discursos desses personagens emprestaram ao jornal uma função semelhante a do diário oficial, de publicizador de discursos oficiais. Somando-se a isso o reduzido espaço destinado ao jornalista e o caráter, de início, descritivo e cronológico das suas matérias, o papel do jornal se confunde com a função de anais. Conforme Hayden White (1981, p. 5), falta o componente narrativo aos anais, que representam a realidade histórica "como se os eventos reais não tivessem a forma de história", mas uma lógica puramente cronológica. Nesse sentido, quando se trata de anais, em muitos casos, não há um assunto central nem uma conclusão da história. Essa ideia do jornalismo como reflexo puro de um acontecimento se encaixa com a metáfora do espelho que tem sido aplicada à mídia e que considera a notícia como um reflexo "mais ou menos literal do 'curso dos acontecimentos'" (HALLIN; MANCINI, 1993, s/p). Se as notícias são, em alguma medida, reflexos, refletem não uma realidade absoluta e previamente existente, mas representações acerca da política, da cultura, da estrutura social. Na crítica de Hallin e Mancini (1993, s/p), "os media não estão afastados dos processos sociais refletidos no conteúdo das notícias" e, portanto, é constituída *por* e ajuda *a* constituí-los. A metáfora do espelho, levada ao pé da letra, é criticada por eles como um caminho útil para se proteger contra críticas políticas. A objetividade, clamada pelos jornalistas brasileiros a partir dos anos 1950 como uma característica fundadora do jornalismo moderno funciona também como um escudo que protege e legitima. A esse argumento se aplica a crítica de Gaye Tuchman (1993, p. 74) ao sugerir que a "objetividade pode ser vista como um ritual estratégico, protegendo os jornalistas dos riscos de sua profissão".

Essa perspectiva informativa atribuída ao jornal foi reforçada, pelos pesquisadores de imprensa durante o período do regime militar brasileiro, como a função central da mídia que teria sido interrompida pela repressão e pela censura, como se discutiu no capítulo anterior, impedindo a imprensa de informar o cidadão. De fato, vários assuntos tiveram sua veiculação impedida no período, foi o caso de algumas figuras *non gratae* ao regime, como Dom Hélder Câmara, o deputado federal Francisco Pinto e as sucessões presidenciais já mencionadas, e representaram um déficit de informação. No entanto, se considerarmos a forma do que podia ser publicado, com relação especificamente às comemorações de aniversário do regime, seu caráter era exclusivamente informativo, baseado na menção e na descrição. O que não havia, de fato, nos primeiros momentos era uma análise crítica e comparada mais ampla. Assim, o exercício do jornalismo se afastava da perspectiva liberal que o via como esclarecedora, vigilante e protetora da sociedade em geral.

3.2 Olhando para a narrativa: categorias jornalísticas em *O Globo*

Muitas análises podem ser feitas sobre o material que abrange a cobertura da comemoração dos aniversários da "revolução" entre 1965 e 1984. Pelo menos até o governo Geisel *O Globo* cobriu esses eventos militares não como acontecimentos jornalísticos (no sentido da novidade ou da quebra de rotina), mas como sendo rituais. As cerimônias que ocorreriam a cada dia 31 de março foram retratadas em *notícias factuais* pelo menos desde o dia anterior até o dia posterior, ou seja, eram mencionadas já nos dias 30 de março, confirmadas nos dias 31 e ainda lembradas nos primeiros de abril. As menções se concentravam geralmente nos dias 31 de março e 1.º de abril. As matérias cuja publicação antecedia o dia 1.º de abril tinham caráter de previsão e pretendiam antecipar (30/3) e reafirmar (31/3) a programação que seria realizada. Nos dias seguintes aos eventos (1/4) era, então, noticiado o que *de fato* havia acontecido.

A experiência que descrevo permitiu criar, a partir da leitura dessas matérias, seis categorias jornalísticas às quais chamamos de *entrevista, reprodução, citação, notícia factual, notícia interpretativa e comentário*. Essas categorias são um esforço metodológico de análise, o que significa que não são a única forma possível de se entender o jornalismo praticado no período. Tampouco podemos tomá-las como regras para todos os jornais. Elas não preexistem ao texto, mas sim ao contrário: foi possível criá-las a partir do contato com as narrativas desenvolvidas especificamente no jornal *O Globo*. Mas acreditamos que esses instrumentos fornecem um dos caminhos possíveis para se entender os papéis que são desempenhados no espaço complexo de um jornal no que diz respeito às relações entre o jornalista e o próprio jornal, o jornalista e a política e, em última instância, entre a sociedade e a política. O Quadro 1 apresenta uma síntese de definição das categorias jornalísticas empregadas.

Quadro 1 – Definições de categorias jornalísticas

CATEGORIAS JORNALÍSTICAS	DEFINIÇÃO
Entrevista	Respostas concedidas pelo presidente a perguntas previamente enviadas à presidência pela imprensa
Reprodução	Transcrição na íntegra dos discursos do presidente e dos ministros militares
Citação	Transcrição de partes selecionadas dos pronunciamentos do presidente e dos ministros militares
Notícia Factual	Informações factuais escritas a partir de linguagem referencial
Comentário	Boxes de opinião com linguagem emotiva
Notícia Interpretativa	Matérias que apresentam uma análise evidente do fato reportado

Fonte: a autora

É necessário reafirmar algo que já foi antes mencionado, essa análise não dá conta da totalidade das matérias referentes às comemorações do golpe durante o regime militar, mas sim àquelas que se referem a um movimento ritualizado e repetitivo em que se consideravam as ações dos três ministros militares e do presidente da República. Isso significa que menções a comemorações civis em geral e regionais não foram consideradas. Isso se deve ao fato de as discussões sobre as ambiguidades do regime militar brasileiro passarem necessariamente por esses personagens, que capitaneavam, portanto, o campo da política em nível nacional.

Definir as categorias de análise propostas e sua aplicação às matérias d'*O Globo* permitirá mais à frente caracterizar o jornal como um espaço complexo produzido por diferentes vozes e posturas distintas, uma vez que todas estão presentes na cobertura dos aniversários da "revolução" militar publicados em *O Globo* e que a maior parte delas coexiste ao longo do tempo no veículo (conforme o Quadro 2), ajudando a perceber como o programa de funcionamento de um jornal sem querer revela as ambiguidades que ele mesmo tenta recusar. Dessa forma, interessam menos as intenções que teve o jornal ao construir o discurso – algo que dificilmente pode ser apreendido de forma segura – e mais aquilo que a narrativa silenciosamente revela.

Quadro 2 – Categorias jornalísticas ao longo dos anos

CATEGORIAS JORNALÍSTICAS	ANOS
Entrevista	1965, 1967, 1969.
Reprodução	1965, 1966, 1967, 1968, 1969, 1970, 1971, 1972, 1973, 1974,1975, 1976, 1977, 1978, 1979, 1980, 1981, 1982, 1983, 1984.
Citação	1965, 1967, 1968, 1970, 1971, 1972, 1973, 1974, 1975, 1976, 1977, 1978, 1979, 1980, 1981, 1982, 1983, 1984.
Notícia Factual	1965, 1966, 1969, 1970, 1971, 1972, 1973, 1974, 1975, 1976, 1977, 1978, 1979, 1980, 1981, 1982.
Comentário	1965, 1966, 1967, 1968, 1969, 1970, 1971, 1972, 1973, 1974, 1975, 1976, 1977, 1978, 1979, 1980, 1981, 1982, 1983, 1984.
Notícia Interpretativa	1978, 1980, 1983, 1984.

Fonte: a autora

A primeira categoria se refere às *entrevistas* prestadas pelo presidente da República e tornadas públicas perante a nação pelo jornal. Essa ação teve existência efêmera, na realidade, tendo acontecido apenas em três ocasiões, 1965, 1967 e 1969. No dia 30 de março de 1965 o presidente Castelo Branco concedeu o que foi considerado uma entrevista coletiva para as imprensas nacional e estrangeira, no Palácio das Laranjeiras, respondendo a questões previamente enviadas à presidência. No dia seguinte, *O Globo* reproduziu na íntegra as (superficiais) questões e as (superficiais) respostas, que versavam, entre outros assuntos, sobre medidas econômico-financeiras (inflação, salários, crédito a empresas). Em 1967 o presidente Costa e Silva também concedeu a entrevista, nos mesmos moldes, respondendo, dessa vez em Brasília, a questões previamente enviadas por jornalistas, que também foram reproduzidas na íntegra em *O Globo*. E novamente em 1969, gravou, dessa vez em *videoteipe*, sua entrevista com duração de mais ou menos quatro horas. Devido ao tamanho foi veiculada por rádio e televisão, em cadeia nacional, em etapas, além de ter sido, também por partes, transcrita no jornal. A seguir estão reproduzidos (Figuras 1 a 3) alguns trechos das entrevistas.

Figura 1 – Entrevista coletiva concedida por Castelo Branco à imprensa (1965)[48]

Precisamente às 9 horas, como estava anunciado, teve início ontem no Palácio das Laranjeiras a entrevista coletiva do Presidente da República à imprensa nacional e estrangeira. O Presidente da República tomou lugar à mesa de conferência entre o General Ernesto Geisel, chefe da Casa Militar, e o Ministro Luis Viana Filho, chefe da Casa Civil, ladeado ainda pelo jornalista José Wamberto, Secretário de Imprensa.

As perguntas, previamente endereçadas pelos jornalistas à Presidência da República, foram lidas pelo jornalista José Wamberto e, em seguida, respondidas pelo Chefe da Nação. Além de correspondentes nacionais e estrangeiros, cronistas e colunistas políticos de órgãos da imprensa carioca e de todo o País, estiveram presentes à entrevista o professor Celso Kelly, presidente da Associação Brasileira de Imprensa, e o senhor Belfort de Oliveira, secretário da Ordem dos Velhos Jornalistas.

Antes de passar a responder às perguntas, o Presidente da República saudou os jornalistas, externando a sua satisfação por mais aquele convívio direto com os homens da imprensa, na oportunidade cumprindo uma etapa do programa comemorativo do primeiro aniversário da Revolução de 31 de Março. Ao encerrar a entrevista, o Presidente Castelo Branco dirigiu novas palavras de agradecimento aos jornalistas, pela atenção dispensada ao encontro, e pelo contato que com eles mantivera.

A primeira pergunta versou sobre o Acôrdo Internacional do Café, seguindo-se as demais com as respectivas respostas que apresentamos na íntegra.

Acordo Internacional Do Café

PERGUNTA – O Govêrno dos Estados Unidos, apesar dos esforços da Casa Branca, não conseguiu ainda obter a aprovação, pela Câmara dos Representantes, das leis que implementariam o Acôrdo Internacional do Café. Que prognósticos faz o Govêrno brasileiro a respeito do desfecho dessa questão?

RESPOSTA – A obrigatoriedade da exigência de certificados de origem, nas importações, está prevista no Convênio Internacional do Café como meio de tornar efetivo o mecanismo das quotas, que é básico para o funcionamento do Acôrdo. O Convênio já foi ratificado pelos Estados Unidos e se encontra agora sob consideração da Câmara dos Deputados daquele país amigo.

Há, em todo o mundo, crescente compreensão da importância de que se reveste a comercialização ordenada do café, e isto, não só para os países produtores que nela têm sua principal fonte de divisas, mas ainda para os próprios países consumidores. Interessados na estabilização dos preços de consumo. Dessa compreensão, é testemunho eloquente a aprovação, por unanimidade, do Plano Brasileiro de Estabilização na recente reunião dos países-membros do Convênio Internacional do Café, realizada em Londres. [...]

Fonte: *O Globo*, 31 mar. 1965, p. 15

---

[48] Foi mantida a grafia original dos excertos do jornal reproduzidos.

Figura 2 – Entrevista coletiva concedida por Costa e Silva à imprensa (1967)

(*O GLOBO*) – A primeira entrevista coletiva do Marechal Costa e Silva revelou um Presidente bem humorado, com bastante espírito e respondendo com e respondendo com objetividade às mais variadas perguntas. Foi simples e, sobretudo, muito humano nas suas respostas. Em nenhum momento das 24 respostas houve uma ponta de demagogia. Nenhum ataque, nenhuma palavra menos atenciosa dirigida a quem quer que fosse. Mesmo para com os cassados teve palavras de consideração. O Presidente inaugurou um ciclo novo de diálogo com a opinião pública, através da imprensa. A espontaneidade de sua personalidade e a generosidade de seus gestos foram os dois grandes trunfos, que puseram também os jornalistas à vontade, transformando aquele encontro num autêntico debate democrático dos problemas os mais variados. O Presidente, no curso de sua entrevista, não acenou com ilusões. Mostrou a verdadeira imagem do Brasil de hoje, sem subterfúgios e sem engodos. E pediu apoio, trabalho e compreensão.

Assistiram à entrevista cerca de cinqüenta jornalistas e uma legião de fotógrafos e cinegrafistas. Estiveram também presentes os Ministros que se encontravam na Capital, deputados, senadores e todos os membros dos gabinetes civil e militar da Presidência da República.

O Encontro

Precisamente às 9h45m, deu entrada no salão da entrevista o Presidente Costa e Silva, acompanhado pelos chefes das Casas Civil e Militar, respectivamente Ministro Rondon Pacheco e General Jaime Portela. O Presidente trajava terno azul e, a medida que ia passando por entre os jornalistas, cumprimentava-os. Ao se instalar à mesa, juntamente com os chefes dos Gabinetes Civil e Militar e com o secretário de Imprensa, jornalista Heráclio Sales, deu um bom-dia geral, bastante afetuoso.

[...]

A Entrevista

O Presidente trazia algumas respostas prontas para as perguntas que lhe haviam sido previamente formuladas. Mas a parte escrita valeu apenas como um roteiro, pois que passou a respondê-las de improviso. Deu, assim, um tom diferente ao diálogo, enfatizando com toques pessoais os pontos que considerava mais importantes. Anunciou medidas efetivas em benefício do povo, entre as quais a elevação do teto para pagamento do imposto de Renda, de 150 para 400 ou 500 cruzeiros novos [...]

Eis as perguntas e as respectivas respostas taquigrafadas pela reportagem de *O Globo*: [...]

Fonte: *O Globo*, 1 abr. 1967, p. 6

MEDIANDO A "REVOLUÇÃO"

Figura 3 – Entrevista coletiva concedida por Costa e Silva à imprensa (1969)

No preâmbulo da entrevista coletiva que concedeu à imprensa, ao ensejo do quinto aniversário da Revolução, e cuja primeira parte foi ontem divulgada por uma cadeia de emissoras de rádio e televisão, o Presidente Costa e Silva convocou todos os setores da opinião nacional para uma integração patriótica em favor do desenvolvimento do Brasil, da paz e do bem-estar dos brasileiros. Disse que o País precisa triunfar da pobreza – e o trunfo é o trabalho de todos.

O Chefe do Govêrno declarou ainda, que o Movimento de 31 de Março de 1964 caminha para atingir tôdas as suas metas, a primeira das quais é a valorização do elemento humano, para transformar o Brasil em um país verdadeiramente grande, seguro, feliz e respeitado.

Intróito

Assim se pronunciou, de início, o Presidente da República:

"Senhores jornalistas:

Tomei a iniciativa dêste encontro com os homens que manipulam as notícias e vivem, nobremente, delas, para comemorarmos juntos mais um aniversário da nossa Revolução. Digo "nossa" – porque pretendemos que ela continue a ganhar a consciência nacional de tal modo que muito brevemente ninguém neste País, nem mesmo entre aqueles que hoje a combatem, duvidará de que o Movimento de 31 de Março de 1964 nasceu dos impulsos mais profundos da Nação Brasileira, inconformada com a estagnação em que encontrava [...]

Costa e Silva passou a responder às perguntas que lhe haviam sido formuladas pelos jornalistas. Dividiu essas respostas em cinco partes, tendo sido divulgado ontem o videotape relativo à diplomacia, salários e fretes marítimos, gravado – a entrevista inteira o foi – no Palácio Laranjeiras. Eis as perguntas e respostas: [...]

Fonte: *O Globo*, 1 abr. 1969, p. 23

Como se pode perceber, as *entrevistas* nas três ocasiões, pelo uso da transcrição, se mesclam à segunda categoria a que chamamos *reprodução*. A *reprodução* refere-se à transcrição literal de pronunciamentos dos personagens mencionados, sejam entrevistas ou discursos. Nesse ponto, é preciso distinguir a *reprodução* da *citação*. A *reprodução* é entendida aqui como a transcrição do discurso na íntegra ou de partes agrupadas, mas oferecidas separadamente no texto. A *citação*, ao contrário, constrói-se a partir de uma perspectiva fragmentada, de partes, frases de uma determinada fala utilizadas em meio ao texto do jornal, misturando uma coisa e outra. Assim, a *citação*, embora seja de alguma forma e genericamente *reprodução*, é mais passível de ser manipulada – entendendo-se aqui por manipulação não uma ação deliberadamente negativa e nefasta, mas sim um movimento por meio do qual o jornalista, ainda que inconscientemente, ressalta a sua presença a partir da seleção que faz daquilo que considera digno de ser ressaltado –, representando dois aspectos diferentes, ainda que guardem a semelhança de servir a uma concepção jornalística que prima pelo discurso (enquanto forma) da objetividade. Citar terceiros pode ao mesmo tempo aparentar a ideia de fornecimento de *provas* e de imparcialidade ou independência, pela exposição de vozes distintas, e possibilitar que o jornalista veicule opiniões que não são necessariamente as suas. Embora seja comum que busque opiniões de que compartilha para publicar sem que a responsabilidade incida sobre si mesmo (TUCHMAN, 1993), a *citação* pode ainda ser empregada como uma estratégia de crítica quando associada, por exemplo, à ironia. A citação e a reprodução podem ser dois artifícios que levam a conclusões muito diferentes. Escolhemos, no entanto, não separar radicalmente a citação da reprodução porque nesse caso, na ausência de contextualizações mais consistentes, ambas aparecem servindo a um propósito semelhante. Para ilustrar o que chamamos de *reprodução*, as Figuras 4 a 14 a seguir mostram trechos iniciais das longas reproduções de discursos. As Figuras 15 a 17 são trechos que ilustram o que chamamos de *citação*.

Figura 4 – Reprodução

Primeiro Aniversário

Foi o seguinte, na íntegra, o discurso pronunciado pelo Presidente.

– Honrado pelo convite com que me distinguiu o Congresso Nacional para participar da solene sessão com que celebrou o primeiro aniversário da Revolução, aqui estou para falar à Nação brasileira. Honra tanto maior quando não [é dos nossos] hábitos usar o Presidente da República esta tribuna dos representantes do povo. Contudo, nós devemos ver que estamos numa época de renovação, na qual é natural que se prove. Tanto mais quanto o que é hoje [...]

Fonte: *O Globo*, 1 abr. 1965, p. 12

Figura 5 – Reprodução

O Presidente da República pronunciou as seguintes palavras:

"A oração do Ministro da Aeronáutica me foi apresentada há três dias passados. Mas por isso mesmo ela é oportuna. Ela é quase que uma resposta a tudo o que se está passando neste País. A resposta de que nos havemos de levar este País para diante, sem violências, sem arbítrios, dentro da normalidade democrática. Mas garantindo ao País aquilo de que ele mais precisa e que lhe daremos por intermédio da estabilidade, da fôrça, da harmonia, da coesão das Forças Armadas do País e da paz.

Essa paz será assegurada, quer queiram quer não queiram [...]

Fonte: *O Globo*, 1 abr. 1968, p. 10

Figura 6 – Reprodução

O Ministro da Marinha, Almirante Augusto Rademaker, por motivo do transcurso do 3.º aniversário da Revolução de 31 de março de 1964, baixou a seguinte Ordem do Dia, a ser lida em todos os navios, órgãos e estabelecimentos da Marinha:

"Decorridos cinco anos da Revolução de 1964, cumpre-nos evocar o episódio histórico de 31 de março que fez renascer em nossos corações o – espírito de civismo do povo brasileiro.

Temos ainda, bem presentes na memória, os momentos culminantes na crise que sorrateiramente minava os alicerces de nossas instituições [...]

Fonte: O *Globo*, 31 mar. 1969, p. 6

Figura 7 – Reprodução

Ordem-do-Dia

Eis, na íntegra, a ordem-do-dia do Ministro Orlando Geisel:

"As celebrações de hoje, no simbolismo da data de 31 de Março, assinalam a passagem do sexto aniversário de um dos mais belos e unânimes movimentos cívicos da nacionalidade. Embora repetidas, ano a ano, nem por isso deixam de revestir-se das galas e das emoções próprias das grandes vitórias, que por decisivas passam a constituir marcos indeléveis na vida dos povos.

Nascida nos lares, sob a inspiração da mulher brasileira, a memorável jornada de 31 de Março de 1964 uniu todos os homens [...]

Fonte: O *Globo*, 31 mar. 1970, p. 10

Figura 8 – Reprodução

O documento assinala que "mais que uma mera substituição de homens no poder, a Revolução, assumindo os riscos da direção, restaurou a confiança coletiva nos destinos da Pátria".

A ordem-do-dia

E este o texto da ordem-do-dia do Ministro Araripe Macedo:

"As aspirações de um povo são frutos da sua cultura. Das suas tradições nascem o amor à terra, à família, às coisas da sua gente.

"Inspiradas nesse amor as criaturas passam a comungar de um mesmo pensamento e sentimento. E, o trabalho que nasce e amadurece, transforma e produz. São imagens se fazendo presentes. Vindas da abstração para a realidade. [...]

Fonte: O *Globo*, 30 mar. 1973, p. 8

Figura 9 – Reprodução

Brasília (*O Globo*) – "Invariavelmente sensível aos interesses humanos, particularmente os consistentes na justiça social, a ordem revolucionária fez desses interesses o fim último das múltiplas e grandes iniciativas mediante as quais, no seu dinamismo, transforma radicalmente o País", disse o Presidente Médici, no pronunciamento que fez ao País ontem à noite, por uma cadeia de rádio e televisão, sobre o nono aniversário da Revolução.

–Embora, por vezes, pareça que se dispensa atenção preferente ao quantitativo, como quando se estimula, de maneira decisiva, tanto a produção quanto a produtividade, o certo é que nisso se vê, unicamente, meio impreterível para que, afinal, se melhore a qualidade de vida, por via de maior participação de todos nos frutos do progresso econômico – acentua o Presidente. Eis o texto completo do seu pronunciamento:

"Penetra a consciência do País, de modo cada vez mais vivo e mais profundo, o transcendente sentido histórico, do pronunciamento revolucionário pelo qual a vontade política [...].

Fonte: *O Globo*, 1 abr. 1973, p. 8

Figura 10 – Reprodução

BRASÍLIA (*O GLOBO*) – O Presidente Geisel fez pronunciamento ontem, por uma cadeia de emissoras de rádio e tv, em comemoração aos 10 anos da Revolução, apresentando um breve histórico dos acontecimentos e declarando:

– O que vale, em verdade, é comparar a situação atual com a que existia em princípios de 60 e mensurar, adequadamente, a extraordinária distância percorrida.

O discurso

Foi o seguinte, na íntegra, o discurso do Presidente Geisel:

"Brasileiros

"Completa-se hoje um decênio desde aquela radiosa alvorada de fé cívica e convicção democrática que foi o movimento de 31 de março de 1964.

"Volvamos o pensamento ao caótico passado, extinto àquela data, para medir a longa e difícil caminhada ascensional que, mediante duros sacrifícios patrioticamente consentidos e uma crença inabalável em melhores dias [...]

Fonte: *O Globo*, 1 abr. 1974, p. 3

Figura 11 – Reprodução

Na íntegra, a Ordem do Dia do Ministro da Aeronáutica é a seguinte:

"31 de março é data histórica que nenhum brasileiro, verdadeiramente patriota, poderá jamais esquecer. Povo e Forças Armadas, irmanados pelo ideal comum de preservar a maneira cristã e democrática de vida do povo brasileiro, saíram às ruas no momento extremo em que a escalada comunista, já parcialmente instalada no Governo de então se preparava para desfachar [sic] o golpe final da tomada do Poder e implantar uma Ditadura de esquerda.

São transcorridos onze anos e nesse curto período os Governos da Revolução restabeleceram a ordem social, sanearam as finanças do país, desaceleraram a inflação, promoveram o desenvolvimento econômico em ritmo jamais alcançado e deram ao povo um clima de ordem e segurança dentro do qual o trabalho honesto frutifica e gera riqueza [...]

Fonte: *O Globo*, 1 abr. 1975, p. 3

Figura 12 – Reprodução

Foi o seguinte, na íntegra,o discurso do presidente Geisel: "Agradeço a acolhida que hoje me fazem aqui neste quartel, nesta guarnição da Vila Militar. Agradeço o brinde com os votos de felicidade pessoal oferecido pelo ministro do Exército e correspondido pelos senhores. Minha vinda hoje aqui representa para mim uma satisfação toda especial. É a oportunidade que me dá de conviver com os prezados companheiros do Exército e junto a eles os representantes de nossa Marinha e da Aeronáutica.

Não é só o sentimento de um velho soldado que revive a vila militar, onde mourejou e atuou durante muitos anos e onde se formou desde a mais tenra idade [...]

Fonte: *O Globo*, 1 abr. 1976, p. 3

Figura 13 – Reprodução

Foi o seguinte o discurso do presidente Figueiredo:

"Brasileiros e brasileiras:

"No dia de hoje, há 16 anos, coube às Forças Armadas nacionais a missão histórica de deter o curso da política mais contrária às aspirações do nosso povo jamais instalada entre nós. A família brasileira reagia com resolução e ânimo à iminente destruição das nossas instituições políticas tradicionais.

"Sob o manto de proteger os pobres e necessitados, os inimigos da democracia realmente buscavam o esbulhamento de um povo pacífico e ordeiro. [...]

Fonte: *O Globo,* 1 abr. 1980, p. 6

Figura 14 – Reprodução

> É a seguinte a ordem do dia do ministro do Exército:
> "Hoje a Nação comemora o 18.º aniversário da Revolução democrática de 1964, que marcou o início de um novo período da nossa história. Faz quase duas décadas que as Forças Armadas, convocadas pelo povo, se mobilizaram para impedir que o país tomasse o rumo que lhe queria impor uma minoria [...]

Fonte: *O Globo*, 31 mar. 1982, p. 6

Figura 15 – Citação

> O Exército Não Permitirá a Volta Dos Subversivos, Diz Costa e Silva
> (TEXTO NA SEXTA PÁGINA)

Fonte: *O Globo*, 30 mar. 1965, p. 1

Figura 16 – Citação

> Em discurso de improviso para 300 oficiais, no almoço comemorativo dos 12 anos da Revolução, na Vila Militar, o presidente Geisel disse ontem que as Forças Armadas, "coesas, cultivando os ideais da nossa Revolução e desempenhando integralmente suas atribuições constitucionais, permitem ao Governo, vantajosamente e em larga escala, empreender no presente uma evolução. Evolução, sem dúvida, gradual no sentido de aperfeiçoamento de nossas instituições sociais e políticas, com base no desenvolvimento econômico que, apesar da grave crise mundial, estamos continuando. [...]

Fonte: *O Globo*, 1 abr. 1976, p. 1

Figura 17 – Citação

> Brasília (*O Globo*) – O Presidente Costa e Silva disse ontem à noite no Clube das Fôrças Armadas, durante o coquetel comemorativo do 4.º aniversário da revolução, que nenhuma agitação conseguirá mudar a orientação do Govêrno: "Cumprimos o nosso dever – afirmou –, e havemos de cumpri-lo a custo de qualquer sacrifício. Os agitadores querem sangue, mas o Brasil continuará sem sangue". [...]

Fonte: *O Globo*, 1 abr. 1968, p. 10

A *notícia* aparece como tendo uma dupla forma e pode ser entendida como sendo formada por duas categorias: a *notícia factual* e a *notícia interpretativa*. Ambas são abordadas neste trabalho e se diferem completamente pelas profundidades de ação empreendida pelo jornalista ao construir cada uma delas. Enquanto a *notícia factual* retrata o que se entende por "fatos", por realidade, por acontecimentos, supondo, então, que o jornalista seria um observador capaz de fornecer um retrato da realidade. Já a *notícia interpretativa* tem relação direta com os significados do acontecimento, supondo que o jornalista tem a função ativa de interpretar os fatos e oferecer a matéria na forma de uma análise. A distinção entre uma e outra forma, além de falar sobre o contexto político e social em que se vive, fala ainda mais sobre a autoridade dos jornalistas. Sabe-se que mesmo a *notícia factual* que se pretende consideravelmente objetiva guarda sinais da autoria, sinais de subjetividade, tal qual a escolha de quem ou do que merece ser coberto. Todo uso de linguagem é, em certa medida, uma performance. No entanto, além de em um contexto político autoritário, por exemplo, a *notícia factual* e suas pretensas objetividade/imparcialidade fornecerem certa segurança ao jornalista justamente pelo esforço de afastar opiniões que poderiam ser enfrentadas e repreendidas pela censura; quando comparada à interpretativa, representa um nível mínimo de presença do jornalista. A seguir, as Figuras 18 a 23 são alguns excertos que ilustram o que chamamos *notícia factual*. Devido ao caráter excepcional da *notícia interpretativa*, voltaremos a falar dela mais adiante.

Figura 18 – Notícia factual

Precisamente às 9 horas, como estava anunciado, teve início ontem no Palácio das Laranjeiras a entrevista coletiva do Presidente da República à imprensa nacional e estrangeira. O Presidente da República tomou lugar à mesa de conferência entre o General Ernesto Geisel, chefe da Casa Militar, e o Ministro Luís Viana Filho, chefe da Casa Civil, ladeado ainda pelo jornalista José Wamberto, Secretário de Imprensa.

As perguntas, prèviamente endereçadas pelos jornalistas à Presidência da República, foram lidas pelo jornalista José Wamberto e, em seguida, respondidas pelo Chefe da Nação. Além de correspondentes nacionais e estrangeiros, cronistas e colunistas políticas de órgãos da imprensa carioca e de todo o País, estiveram presentes à entrevista o professor Celso Kelly, presidente da Associação Brasileira de Imprensa, e o senhor Belfort de Oliveira, secretário da Ordem dos Velhos Jornalistas.

Antes de passar a responder às perguntas, o Presidente da República saudou os jornalistas, externando a sua satisfação por mais aquêle convívio direto com os homens da Imprensa, na oportunidade cumprindo uma etapa do programa comemorativo do primeiro aniversário da Revolução de 31 de Março. Ao encerrar a entrevista, o Presidente Castelo Branco dirigiu novas palavras de agradecimento aos jornalistas, pela atenção dispensada ao encontro, e pelo contato que com êles mantivera.

A primeira pergunta versou sôbre o Acôrdo Internacional do Café, seguindo-se as demais com as respectivas respostas, que apresentamos na íntegra. [...]

Fonte: *O Globo,* 31 mar. 1965, p. 15

Figura 19 – Notícia factual

Como parte do intenso programa que analisará hoje, em todo o País, o transcurso do segundo aniversário da Revolução Democrática, o Presidente Castelo Branco vai inaugurar às 10h 50m, em Piaçaguera, São Paulo, a Usina José Bonifácio de Andrada e Silva, da COSIPA, que produzirá 500 mil toneladas de aço anualmente, em sua primeira fase. Às 15h 30m, em São Bernardo do Campo, lançará a pedra fundamental de um bloco de 432 apartamentos para trabalhadores sindicalizados, a ser construído pela Cooperativa Habitacional do Estado de São Paulo, no bairro de Rudge Ramos.

Fonte: *O Globo,* 31 mar. 1966, p. 20

Figura 20 – Notícia factual

BRASÍLIA (*O GLOBO*) – O Presidente Costa e Silva, acompanhado de todo o seu Ministério, assistirá, hoje, às 9 horas, de um palanque armado no Eixo Rodoviário Sul, em frente ao Cinema Brasília, ao desfile militar comemorativo ao 5.º aniversário da Revolução, e, às 18 horas, o Chefe do Govêrno será homenageado em uma recepção o clube das fôrças Armadas, quando será saudado, em nome dos Ministros Militares, pelo General Lira Tavares, da pasta do Exército.

As solenidades comemorativas ao aniversário da Revolução terão início às 16 horas, no setor militar urbano e no Regimento de Cavalaria de Guarda, com alvorada festiva. Às 8 horas, na Base Aérea de Brasília, o Ministro da Aeronáutica, Brigadeiro Márcio de Sousa e Melo condecorará com medalhas de tempo de serviço vários militares da FAB [...]

Fonte: *O Globo,* 31 mar. 1969, p. 6

Figura 21 – Notícia factual

BRASÍLIA (*O GLOBO*) – Uma cerimônia na Vila Militar, no Rio, na parte da manhã, com a presença do presidente Geisel será a principal solenidade de hoje nas comemorações do 12.º aniversário da Revolução. O Presidente, que chegará ao Rio às 9h30m, acompanhado dos generais Hugo de Abreu e João Batista de Figueiredo, ministros-chefes do Gabinete Militar e do SNI, almoçará na Vila Militar e embarcará às 14 horas, na Base Aérea do Galeão, de volta a Brasília.

Embora o Palácio do Planalto nada informasse oficialmente, é possível que na Vila Militar, o Presidente da República faça um pronunciamento sobre a revolução.

Na unidade do Exército, Marinha e Aeronáutica de todo o País a comemoração do aniversário da Revolução se restringirá à leitura da ordem-do-dia dos ministros Sylvio Frota, Azevedo Henning e Araripe Macedo.

Em Brasília, será celebrada missa no Oratório do Soldado esta manhã, por iniciativa do ministro Sylvio Frota, e às 18h30m, na Catedral, será oficiada outra missa pelo arcebispo da cidade, d. José Newton, com a presença do presidente Geisel e de todos os ministros de estado.

Dia de Geisel

Após desembarcar na Base Aérea do Galeão esta manhã, o presidente Geisel seguirá de automóvel até a base aérea do Campo dos Afonsos, de onde irá de helicóptero ao comando da Vila Militar.

De volta a Brasília, ele participará à tarde de duas solenidades no Palácio do Planalto; às 17 horas presidirá o lançamento do [-] Programa Brasileiro de Desenvolvimento Científico e Tecnológico e às 17h30m assinará o decreto de criação do Serviço Nacional de Aprendizagem Rural. Às 18h30m irá à missa na Catedral. [...]

Fonte: *O Globo,* 31 mar. 1976, p. 6

Figura 22 – Notícia factual

O Presidente da República chegou à Vila Militar às 10h30m, em companhia do governador Faria Lima e dos ministros-chefes do Gabinete Militar, general Hugo de Abreu, e do SNI, general João Batista de Figueiredo, sendo recebido pelo ministro do Exército general Sylvio Frota, e pelo comandante da Primeira Divisão de Exército, general Walter Pires de Carvalho e Albuquerque.

Depois da salva de artilharia e de passar em revista a Guarda de Honra, Geisel seguiu para o QG da Primeira Divisão de Exército, de cuja sacada assistiu ao desfile das tropas aquarteladas na Vila Militar.

Também estiveram presentes o vice- presidente da República, general Adalberto Pereira dos Santos; os ministros da Marinha, almirante Geraldo Azevedo Henning; e da Aeronáutica, brigadeiro Araripe Macedo; o ministro-chefe do EMFA, general Antônio Jorge Corrêa; e os comandantes do I Exército, general Reynaldo Mello de Almeida; da Escola Superior de Guerra, general Walter Menezes Paes; da I Região Militar, general Edmundo da Costa Neves; do III Comando Aéreo Regional, brigadeiro Paulo de Abreu Coutinho; e do I Distrito Naval, almirante Maximiniano Fonseca.

Fonte: *O Globo*, 1 abr. 1976, p. 6

Figura 23 – Notícia factual

Brasília (*O Globo*) – O presidente João Figueiredo assistirá hoje, às 18 horas, na Catedral de Brasília, à missa comemorativa da passagem do 17.º aniversário da Revolução de 31 de março de 1964.

A missa será celebrada por dom José Newton de Almeida e é uma iniciativa da Liga de Defesa Nacional. Segundo o Palácio do Planalto, não está prevista a presença do presidente Figueiredo em nenhuma outra solenidade comemorativa do aniversário da Revolução.

NO RIO

O comando do I Exército fará celebrar às 10h30m, na Igreja da Candelária, missa pelas vítimas do terrorismo. Às 16 horas, no Palácio do Duque de Caxias, será realizado um cerimonial militar, com a leitura da ordem do dia do ministro do Exército, general Walter Pires, e a chamada nominal dos militares mortos no combate ao terrorismo.

A Força Aérea e a Marinha participarão das cerimônias juntamente com o Exército, além de realizarem solenidades internas em suas unidades.

Na Vila Militar, a programação ficará a cargo da 1.ª Divisão de Exército.

SÃO PAULO

Em São Paulo, com a presença do governador Paulo Salim Maluf, do prefeito Reynaldo de Barros e do Comandante do II Exército, general Milton Tavares de Souza [...]

Fonte: *O Globo*, 31 mar. 1981, p. 4

A última categoria dentre as propostas é o *comentário*, entendido como o espaço de opiniões declaradas, de parcialidade, encontrado no jornal. O fato de esses boxes terem sido impressos como não fazendo parte das matérias representa um esforço do jornal de separar o que seriam comentários do que seria a *realidade*. Em princípio, o *comentário* e a *notícia interpretativa*, se vistos com pouca atenção, poderiam gerar dúvidas quanto à sua distinção. São, no entanto, perspectivas consideravelmente diferentes. O espaço de *comentário* é apresentado em oposição ao espaço da notícia, ou seja, à parte (o leitor, para ler a matéria, não é obrigado a lê-lo), e que não visa, como esta, contar o que aconteceu, mas que comenta, caracteriza, opina, julga algo que a notícia contou, em suma, fornece um juízo moral, enquanto a *notícia interpretativa* significa o esforço de produzir interpretações políticas, senso crítico. Nesse período *O Globo* não era ainda dividido em editorias muito claras, mas os quadros de *comentário* apareciam, com raras exceções, na primeira página e cumpriam o papel de editoriais, embora não fossem autointitulados dessa maneira. As Figuras 24 a 30 são exemplos do que chamamos de comentários.

Figura 24 – Comentário

É Preciso Não Esquecer

À medida que o dia avançava, avançava também a certeza de que a Democracia vencera e o Brasil não seria engolfado pela subversão que o Govêrno já não mais fingia não querer. Desde o vergonhoso comício realizado na praça fronteira à Central, quando o Sr. João Goulart, intoxicado pelos gritos da multidão para ali conduzida compulsòriamente e pelos discursos dos que o precederam [...] que ali se haviam reunido com os agitadores, na presença do Presidente da República, para dirigirem, uns aos outros, insultos aos chefes militares, ao Congresso e à Constituição, recebendo, por fim, os agradecimentos e os estímulos do próprio Presidente, não houve cidadão que não percebesse ter chegado o momento. Ou reagia a Nação, por meio de suas Fôrças Armadas, guardiãs das instituições, da segurança e da ordem [...]. Mas nunca mais, desde 31 de Março de 1964, o povo brasileiro se angustiou, por não saber se acordaria, no dia seguinte, como um povo livre ou escravizado. [...]

Fonte: *O Globo*, 31 mar. 1965, p. 1

Figura 25 – Comentário

> Há cinco anos êste País estava à beira da queda no abismo totalitário. E não apenas o Brasil. [--] este colosso e a América Latina toda, ou quase, seguiria o destino de Cuba.
>
> O 31 de março de 1964 tornou--se, assim, uma data importante na história das Américas. Por conseguinte, inscreve--se no calendário mundial como um dia nefasto na agenda do kremlin.
>
> É esse o aspecto fundamental da data. A Revolução foi um Não decisivo e talvez definitivo em que tentaram arrastar--nos à viagem sem volta ao mundo subterrâneo do comunismo. Nestes cinco anos muito se fez. O Presidente Castelo Branco iniciou um processo de reformas sério e inteligente. O Marechal Costa e Silva, que o sucede, defronta--se com problemas políticos bastante complexos, mas já colhe, na órbita administrativa, alguns lucros.
>
> Talvez se possa afirmar que, pela primeira vez na crônica republicana, tivemos dois governos sucessivos engalados numa obra comum. Essa continuidade é a fonte de nossas esperanças. Prosseguir nas obras úteis é, neste País, um milagre. A Revolução operou--o. A introdução do planejamento na vida brasileira pode mudar a [...]

Fonte: *O Globo,* 1 abr. 1969, p. 1

Figura 26 – Comentário

> **Uma obra vertical**
>
> Um Brasil reposto nos seus caminhos de grandeza. Um Brasil que se antecipou nas conquistas do futuro. A Nação reencontrada e erguida à altura do seu destino. Eis o que o povo brasileiro comemora hoje, pela nona vez consecutiva, ungido pela alegria dos que souberam ter esperança e transformá-la, pelo trabalho e pelo sacrifício patriótico, em determinação criadora.
>
> O ponto de partida, a 31 de Março de 1964, constituiu-se no clamor nacional que repudiava a marcha para o caos e aspirava à cirurgia urgente da regeneração. O programa da Revolução não conhecia o formalismo rápido das doutrinas, estava longe de conter-se nos capítulos de uma filosofia pronta e acabada. Seu ideário disseminava pelo espírito e pela consciência de toda a gente comprometida com a salvação do País.
>
> Coube ao Governo do Presidente Castelo Branco converter as aspirações espontâneas do povo num corpo metódico de objetivos políticos, econômicos, sociais e morais. Cumpriu ainda, a esse notável patriota e homem de Estado, deixar gravada na essência da obra revolucionária as suas características [...]

Fonte: *O Globo,* 31 mar. 1973, p. 1

Figura 27 – Comentário

> Poderia o Presidente Médici ter-se limitado, no pronunciamento, comemorativo do nono aniversário da Revolução, a enumerar os múltiplos êxitos, quantitativos e qualitativos, da obra iniciada a 31 de Março de 1964 com o propósito de "transformar incisivamente as linhas estruturais da sociedade brasileira". Se assim decidisse, a sua fala já estaria carregada de suficiente densidade para corresponder à importância histórica do acontecimento e às expectativas da opinião interna e internacional.
>
> Mais uma vez, entretanto, o Presidente da República não faltou à coerência de sua indole democrática e ao espírito de missão de que se investiu, ao se enfeixar as supremas responsabilidades da cruzada reformista e do novo destino nacional. Assim, em paralelo ao saldo vitorioso, definiu os condicionamentos que justificam a concentração de poder e a autoridade incontestável postas a serviço do programa revolucionário.
>
> Esses instrumentos excepcionais de governo – tal como se colhe da mensagem presidencial – não se esgotam em si mesmos, perderiam qualquer sentido se considerados isoladamente, sem ligação com seus compromissos cívicos e humanistas. [...]

Fonte: O Globo, 1 abr. 1973, p. 1

Figura 28 – Comentário

> **Fidelidade às origens**
>
> A Revolução de 1964 nasceu de uma soma nacional de vontades contrárias ao processo de desintegração instalado no País, sob as vistas cúmplices de um governo alcançado na sua autoridade e incapaz sequer de conduzir a sua própria opção antidemocrática.
>
> Antes que o movimento de reação ao caos promovido de cima para baixo tomasse feição militar, uma consciência de salvaguarda dos nossos valores institucionais, sociais e [--] já se havia cristalizado em todas as camadas responsáveis da comunidade brasileira. [...]

Fonte: *O Globo*, 31 mar. 1974, p. 1

Figura 29 – Comentário

Revolução, ano 12

A Revolução está distante 12 anos dos fatos que imediatamente a provocaram, e contra os quais agiu apoiada pelo clamor nacional. Mas nenhuma medida de tempo a separa, ontem como hoje, dos compromissos que assumiu perante os sentimentos e a consciência do povo, no sentido de assegurar ao País a vitória da ordem sôbre a anarquia, da tranqüilidade pública sôbre a violência, do desenvolvimento sôbre a estagnação e a improdutividade, da realização autenticamente democrática sobre as tentativas tumultuárias da demagogia irresponsável ou de subversão marxista.

Por isso é que se afirma que a Revolução não foi, mas é e continuará a ser.

Fonte: *O Globo*, 31 mar. 1976, p. 1

Figura 30 – Comentário

Reencontro democrático

O mérito institucional da Revolução de 1964 pode ser visto principalmente no fato de que comemora o seu 16.º aniversário em pleno clima da abertura democrática, dentro do qual se considera identificada e realizada.

A abertura não representou, assim, uma etapa de esgotamento e de decrepitude do movimento que assumiu os destinos do País para combater a subversão, a corrupção e o caos econômico, aceitando para isso a grave responsabilidade de romper com a ordem constitucional vigente.

O que o ex-presidente Geisel fez na sua histórica decisão foi retomar o projeto político original da liderança revolucionária, que era o de corrigir as deformações, os descaminhos e os vícios da democracia brasileira pós-1946, chegados a níveis críticos sob o governo João Goulart. [...]

Fonte: *O Globo*, 31 mar. 1980, p. 4

A *reprodução*, a *notícia factual*, o *comentário e a citação*, quatro das seis categorias descritas, podem ser verificadas durante todo o período pesquisado. Os pronunciamentos do presidente e dos ministros foram reproduzidos todos os anos, com exceção de 1981 e 1983, quando o presidente Figueiredo participou de missas na Catedral de Brasília pelo aniversário da "revolução", mas não discursou. Em 1979 também não houve um discurso como nos outros anos, mas a oração lida pelo presidente na missa encomendada pela Liga de Defesa Nacional, na mesma catedral, foi reproduzida na íntegra no jornal, assumindo o seu lugar. A notícia factual, descrevendo em geral os passos do presidente e não dos ministros, assim como os quadros de comentário em que o jornal declarava sua adesão aos ideais do regime, também é, como se viu, recorrente em todos os governos da ditadura militar. A *notícia interpretativa*, ao contrário, apareceu a partir de um dado momento como um sobressalto, como uma quebra de uma constante. Ela é especial porque significa a atribuição de um papel específico ao jornalista, o papel de um mediador, de fato.

3.3 Eixo diacrônico: a notícia interpretativa

Enquanto alguns aspectos permanecem estáveis, a análise ao longo do tempo permitiu identificar mudanças nas narrativas. Essas formas distintas, sejam as que coexistem ou as que mudam, relacionam-se especialmente com a ação do jornalista, com o grau de posicionamento que assume como narrador ao exercer o seu trabalho. Essa diversidade de posicionamentos leva, num primeiro momento, a duas conclusões. Em primeiro lugar, o jornal é um espaço complexo construído por vozes múltiplas. Em segundo lugar, a despeito da ideia comum de que a censura impediu a ação dos jornalistas, eles não tiveram apenas um papel passivo durante o regime militar. Sobre essa presença do jornalista como mediador, explícita ou não na narrativa, se falará adiante.

A notícia Interpretativa (1978)

Desde 1965 até fins da década de 1970 apenas duas matérias destoam das outras que lhe antecederam e das que lhe sucederam. Um trecho da primeira delas, de 1.º de abril de 1967, já mencionado neste trabalho, está transcrito a seguir.

> BRASÍLIA (*O GLOBO*) – A primeira entrevista coletiva do Marechal Costa e Silva revelou um Presidente bem humorado, com bastante espírito e respondendo com e respondendo com objetividade às mais variadas perguntas. Foi simples e, sobretudo, muito humano nas suas respostas. Em nenhum momento das 24 respostas houve uma ponta de demagogia. Nenhum ataque, nenhuma palavra menos atenciosa dirigida a quem quer que fosse. Mesmo para com os cassados teve palavras de consideração. O Presidente inaugurou um ciclo novo de diálogo com a opinião pública, através da imprensa. A espontaneidade de sua personalidade e a generosidade de seus gestos foram os dois grandes trunfos, que puseram também os jornalistas à vontade, transformando aquele encontro num autêntico debate democrático dos problemas os mais variados. O Presidente, no curso de sua entrevista, não acenou

> com ilusões. Mostrou a verdadeira imagem do Brasil de hoje, sem subterfúgios e sem engodos. E pediu apoio, trabalho e compreensão. Assistiram à entrevista cerca de cinqüenta jornalistas e uma legião de fotógrafos e cinegrafistas. Estiveram também presentes os Ministros que se encontravam na Capital, deputados, senadores e todos os membros dos gabinetes civil e militar da Presidência da República. (*O GLOBO*, 1967, s/p).

A linguagem claramente opinativa e tendenciosa, expressa no uso das expressões "bem humorado", "com bastante espírito", "com objetividade", "simples e, sobretudo, muito humano", "em nenhum momento [...] houve uma ponta de demagogia", "nenhuma palavra menos atenciosa", "diálogo com a opinião pública", "espontaneidade" etc., atentam para uma matéria que visa mais à propaganda do que à análise. Não se discute, por exemplo, o conteúdo das respostas do presidente, ou o alcance das políticas do governo, ou as implicações disso para a sociedade. No entanto, essa linguagem carregada aparece como uma exceção, não ocorre em outros momentos e não deve, por isso, ser considerada como um padrão. Da mesma forma, ela não se confunde com a matéria interpretativa que só ocorrerá uma década depois. A reportagem de 1967 se diferencia das outras matérias de cobertura, mas se aproxima mais do que chamamos de comentário do que de qualquer outra categoria aqui estabelecida.

A notícia interpretativa foi deixada por último por se diferenciar consideravelmente dos outros tipos. O que significava o jornalismo feito por reproduções de discursos e notícias factuais? O que, por um lado, poderia ser entendido como objetividade jornalística poderia, por outro, significar um movimento em que o posicionamento do jornalista era mínimo, em que se contentava com a reprodução de releases oficiais. O argumento do adesismo do jornal *O Globo* seria válido se não houvesse consideráveis diferenças entre a linguagem dessas notícias e a dos comentários. É preciso reafirmar que a simpatia do jornal pelo regime não está sendo questionada. O que se questiona é que ela sozinha explique o modo de fazer todo o jornal.

Entre 1965 e 1977 verifica-se a predominância da reprodução de falas aliada a uma cobertura cujo foco era o acontecimento. A partir disso é possível propor algumas conclusões, ainda que provisórias. Em primeiro lugar tais matérias parecem mostrar que os jornalistas não enxergavam seu próprio papel como sendo de *interpretadores* dos fatos, mas sim de refletores ou *publicizadores* de notícias, o que só mudaria em 1978, como será visto mais adiante. A reprodução de falas oficiais, de pronunciamentos nacionais, sem que houvesse diálogo com os repórteres ou espaço para análises das cerimônias, que diferenciassem as matérias de um ano para outro, mostra que a narração do movimento previamente definido pelo cerimonial militar bastava para construir as notícias. As vozes consideradas anualmente nas matérias eram basicamente as mesmas, com poucas alterações, e geralmente reiteravam as mesmas opiniões acerca do movimento.

Essa situação se manteve predominantemente constante até 1977. Porém, na cobertura das solenidades do ano de 1978 identificamos uma considerável diferença com relação ao período anterior. Essa diferença foi explicitada pela matéria publicada no dia 31 de março de 1978, sobre a comemoração do 14.º aniversário da *revolução* de 1964, que se caracterizou, finalmente, ao contrário do que aconteceu nos anos anteriores, por apresentar uma *notícia interpretativa* como se vê na figura a seguir.

Figura 31 – Notícia interpretativa

Geisel discursa hoje mas ênfase não é política
Brasília (*O Globo*) – O Presidente Ernesto Geisel vai fazer hoje, no Clube da Aeronáutica, um discurso pela passagem do 14.º aniversário da Revolução de 31 de Março que, segundo fontes ligadas à presidência, não deverá registrar nenhum avanço em relação a pronunciamentos anteriores, quanto à abertura política. O discurso terá um sentido de afirmação revolucionária, ressaltando a importância, as conquistas e os objetivos do movimento de Março de 64.
Geisel falará em um almoço do qual participarão 160 autoridades militares e civis. O discurso de Geisel será transmitido pela "Voz do Brasil" e por uma cadeia nacional de televisão, formada a partir das 20 horas.

Fonte: *O Globo*, 31 mar. 1978, p. 5

Conforme se nota, em 1978, ao contrário dos anos anteriores, o jornal se esforçou para oferecer aos leitores uma interpretação do fato reportado. Essa mudança de posicionamento mostra que os jornalistas deixam de se apresentar como reprodutores, como repetidores de fatos que visam reiterar, manter um determinado formato de visão de mundo, para assumir a posição de *analistas experientes do mundo político* (SCHUDSON, 1993, p. 281). *O Globo*, nesse momento, permite-se fornecer interpretações acerca da política que não haviam tido lugar desde 1974. A principal mudança se relaciona à abordagem usada para falar sobre o pronunciamento do presidente Ernesto Geisel. Em vez de narrar todos os passos que seriam tomados pelo presidente durante a comemoração, o jornal lança interpretações sobre o que se poderia ou não esperar do discurso do presidente em relação aos discursos dos anos anteriores, e fornece espaço para a inserção de opiniões de outros personagens civis que não costumavam aparecer nas matérias.

Outro ponto digno de nota é que pela primeira vez percebe-se a presença um assessor (militar) de imprensa. Conforme a continuação da matéria:

> [...] O assessor de imprensa da Presidência da República, coronel Toledo Camargo, disse ontem que entre os convidados para o almoço no Clube da Aeronáutica – que terá inicia às 12 horas – estão a totalidade dos oficiais-generais de quatro estrelas das três Forças Armadas e os demais oficiais-generais com funções na capital [...]. (*O GLOBO*, 1978, s/p).

O fato de a figura do assessor ter aparecido na matéria, pela primeira vez desde 1974, e de terem sido consultados outros personagens civis, aos quais foram demandadas interpretações acerca do ritual político em questão, demonstra um esforço do jornal de recolher vozes e leituras do mundo político que não era verificado anteriormente. O que torna importante ressaltar o tom interpretativo então assumido é a consideração de que é *especialmente* na interpretação que o jornal está realmente produzindo sentido e construindo uma narrativa, ou seja, desempenhando um papel ativo de intérprete do mundo político. É também especialmente debruçando-se sobre um texto interpretativo que se pode perceber a complexidade da construção da notícia. As tomadas de posição, embora camufladas pelo trânsito de diferentes vozes, são, enfim, não apenas reproduzidas, mas produzidas e reiteradas de diferentes formas.

3.4 As diferentes vozes no jornal

Que significados se podem atribuir às manifestações que identificamos como categorias? Dito em outras palavras, o que essas manifestações são capazes de dizer sobre o *fazer jornalístico*? Com quem o jornalista se relaciona quando põe cada uma dessas estratégias em prática, mesmo que inconscientemente? E, finalmente, fazendo isso, que papel clama para si? É preciso reforçar primeiro que essas categorias não apareciam isoladas. A notícia factual aparecia sempre seguida pela reprodução, pela citação ou pela entrevista. O comentário apareceu em todos os anos num espaço separado das matérias, ou seja, coexistindo paralelamente com as outras categorias. A entrevista foi, pelo menos em uma ocasião (1967), precedida por nota introdutória que mesclava informações factuais e comentário. As notícias interpretativas, depois de 1978, também apareceram próximas a trechos factuais, citações e, num espaço físico distinto, opiniões (comentário). O esforço de categorização empreendido atua sobre essa complexidade e sobre a ênfase dada às categorias, ao mesmo tempo ou em momentos distintos, ainda que sutil.

O Quadro 3 a seguir sintetiza as posições que são privilegiadas quando se sobressai uma ou outra categoria.

Quadro 3 – Categorias jornalísticas/relações principais

CATEGORIAS JORNALÍSTICAS	RELAÇÃO PRINCIPAL
Entrevista	Fonte
Reprodução	Fonte
Citação	Jornalista passivo
Notícia Factual	Jornalista passivo
Comentário	Jornal
Notícia Interpretativa	Jornalista Ativo

Fonte: a autora

No caso das reproduções que, comparativamente, ocupavam a maior parte do espaço físico dessas matérias, os jornalistas estavam reproduzindo fontes e publicizando informações oficiais, ou seja, emitidas pelo próprio governo. Situação semelhante ocorria com a cobertura das entrevistas concedidas por Castelo Branco e Costa e Silva (em 1965, 1967 e 1969). Ainda que essas entrevistas tivessem como ponto de partida perguntas supostamente feitas por jornalistas, estavam subordinadas a uma seleção prévia feita pelo governo, além de não ter havido a possibilidade de réplica ao vivo. Suprimido o diálogo, essas entrevistas funcionavam mais como reproduções de discursos feitos a partir de uma demanda do que como coletivas de imprensa. E considerando-se não as entrevistas propriamente, mas a cobertura que lhes foi dada pelo jornal na forma de reprodução, não houve um espaço relevante para considerações ou análises acerca desses pronunciamentos.

Em ambos os casos, entrevistas e reprodução, a autonomia jornalística é mínima, porque pressupõem a proeminência das fontes e o apagamento dos jornalistas. Considerando-se a mediação como uma trama cultural que envolve múltiplos lados, não só o do receptor, não só o do emissor e não só o meio, mas, sim, um processo complexo que resulta de sua interação, a simples reprodução de um discurso previamente preparado constitui muito mais uma tentativa de transmissão do que mediação. A reprodução, nesse caso, sobrepunha-se à mediação e ao papel do jornalista. Pensar sobre quem poderia à época se interessar em ler essas reproduções anuais dos discursos dos presidentes e ministros militares, além dos membros da própria instituição militar, ajuda a levantar as seguintes questões: para quem o jornalista escrevia? Quem era o leitor ou quem era o público? Cabe aqui lembrar mais uma vez Clastres (2003, p. 171), que a partir do exemplo de sociedades indígenas lembra que falar, para o chefe, é uma obrigação imperativa, um ato ritualizado. "A palavra do chefe não é dita para ser escutada".

Robert Darnton, em artigo publicado em 1975 e já anteriormente citado, parte da memória de sua breve experiência como repórter em dois jornais norte-americanos[49] no início da década de 1960, discorre sobre alguns fatores que influenciam as matérias produzidas pelo jornalista, em especial os grupos de referência (editores, outros repórteres e as próprias personalidades abordadas) que tem e a imagem que faz do público. Entre as conclusões a que chega está a de que o primeiro grupo de referência dos jornalistas está à sua própria volta, ou seja, que os jornalistas escreviam uns para os outros já que sabiam que "ninguém pularia tão rapidamente em suas estórias quanto [seus] próprios colegas" e que eles tinham que conquistar "seu status a cada dia de novo conforme se expusessem aos seus pares" (DARNTON, 1975, p. 176). Além dos colegas de profissão, usa como exemplo a experiência de um repórter de política do *The New York Times* que cobriu o governo de John Kennedy, presidente dos Estados Unidos entre 1961 e 1963. Segundo Darnton, "quando Tom Wicker estava cobrindo a Casa Branca de Kennedy, ele não apenas sabia que Kennedy lia suas estórias atentamente, ele também sabia exatamente quando e onde Kennedy as lia" (DARNTON, 1975, p. 183).[50] No Brasil, anos após a redemocratização, Ernesto Geisel foi perguntado sobre como era, na década de 1970, a sua rotina de presidente, ao que respondeu: "De manhã cedo, recebia uma súmula dos principais

---

[49] *The New York Times* e *Newark Star Ledger*.

[50] Darnton explica que soube na época que o correspondente no Pentágono sabia que o secretário de Defesa norte-americano durante a presidência de Kennedy, Robert MacNamara, lia essas estórias entre 7h e 8h da manhã diariamente.

MEDIANDO A "REVOLUÇÃO"

assuntos tratados pela imprensa. Lia aquilo, passava os olhos em algum jornal e ia para o Planalto" (GEISEL, 1997, p. 276).

Os presidentes são leitores frequentes. Ainda que o assunto pudesse não parecer do interesse do público em geral, os presidentes militares poderiam fiscalizá-lo. Embora Darnton estivesse escrevendo a partir de um contexto político democrático e, por isso, não tenha considerado como parte dos grupos de referência na cabeça dos jornalistas os censores, é possível concordar com ele, uma vez que o jornalista brasileiro no período escrevia para a autoridade. E a autoridade era, então, o regime, múltiplo, mas personificado em seus dirigentes – a instituição militar. A pretensa ausência do narrador associada à transcrição de discursos do presidente e dos ministros militares, personagens de relevo político e hierárquico tanto num regime presidencialista quanto na instituição militar, minimizavam o papel do jornalista. Mesmo que não deixassem de aparecer como uma estratégia para se lidar com um regime político complexo e heterogêneo ou para garantir as imagens de objetividade e imparcialidade (TUCHMAN, 1993). Isso implica no afastamento de uma pressuposição liberal mencionada no capítulo anterior – a de que o jornalismo visa ao público em geral, à sociedade, o que nem sempre acontece.

Se na reprodução e na cobertura das entrevistas encontra-se o nível mais baixo de autonomia entre as categorias propostas, já que a autoria ou a voz de fala nesses casos é praticamente da própria fonte, na notícia factual e na citação o jornalista aparece assumindo uma posição ainda passiva. Assume o lugar de um narrador, que descreve "fatos", como a agenda do presidente nos dias de comemoração, mas com distanciamento e sem a pretensão de mediar ou direcionar o leitor a significados mais amplos. Caminho semelhante é percorrido pela citação, que poderia funcionar como uma estratégia mais incisiva de manipulação, mas que, nesse caso, funciona como cessão de voz, sem dar espaço a interpretações ou conexões adicionadas pelo jornalista a essas falas.

O comentário, construído a partir de uma linguagem consideravelmente emotiva, subjetiva e parcial, representa o editorial. Significa, portanto, a voz da empresa, a voz do dono. Por essa razão não é comparado em relação a sua atividade ou passividade. Como a reprodução e as entrevistas representam a voz da fonte, o comentário dá forma à voz do jornal enquanto empresa. Mas a sua presença tem a importante função de tentar reafirmar o caráter informativo do modelo liberal de jornalismo, uma vez que apela para a separação entre duas coisas – a opinião e a informação. A interpretação aparece como diferencial. É a ocasião de maior grau de autonomia entre as discutidas, em que emerge um jornalista ativo, capaz de construir uma narrativa da política e de exercer a mediação, produzindo sentido a partir daquilo que assiste. Na interpretação é possível, finalmente, considerar o jornalista como autor do relato sobre algo que aconteceu, é possível sentir a "presença de um outro que vê" e que se revela no texto (RESENDE, 2006).

3.4.1 O jornalista se apresenta: adesão, afastamento, análise

Dizer que o jornalista age passivamente ou ativamente significa relacionar a sua atuação em relação a quê? A atividade ou a passividade do jornalista não tem a ver com o uso do comentário, da opinião. Essas são dimensões inarredáveis da fala jornalística, ainda que, em alguns casos, quase imperceptíveis. O que diferencia o jornalista passivo do jornalista ativo é a capacidade de oferecer interpretações do mundo. A interpretação é, em certa medida, opinião. Mas a opinião não toma necessariamente a forma de uma interpretação fundamentada em conhecimentos. Quando um jornalista interpreta, espera-se que lance mão de uma bagagem que não exclui, mas que excede, que se sobrepõe, o seu gosto pessoal e que constitui a mediação.

Sendo assim, não parece estranho dizer que, além de o jornalista ativo fornecer claros sinais da sua presença, o jornalista passivo se posiciona sutilmente. O que significam esses posicionamentos e como identificá-los e interpretá-los nas matérias abordadas neste trabalho? O Quadro 4 oferece uma síntese do que será explicado a seguir.

Quadro 4 – Linguagem (1965-1984)

PERÍODO	LINGUAGEM
Entre 1965 e 1968	Adesão
Entre 1969 e 1977	Afastamento
Entre 1978 e 1984	Análise/crítica

Fonte: a autora

Que outro sentido se pode atribuir à mudança considerável na forma de narrar a política nacional, considerando-se o recorte 1965-1984? Dentro da fase relativamente mais passiva podem ser distinguidos dois posicionamentos em relação aos contextos narrados: primeiro houve um momento de *adesão* e, depois, comparativamente, um momento de *afastamento* dos jornalistas com relação ao regime político que abordam em suas matérias. Já na fase ativa, o posicionamento passa a ser o de *análise*. Essas três perspectivas serão discutidas a seguir.

No dia 30 de março de 1965, como foi anteriormente exposto, o presidente Castelo Branco concedeu uma entrevista no Palácio das Laranjeiras que se parecia mais com um discurso. Dos quatro parágrafos que introduziram a transcrição da entrevista, três têm oito linhas, e o quarto três linhas. Os dois primeiros explicitam factualmente o horário em que a entrevista começou, quem estava presente e como as perguntas foram lidas e respondidas.

O terceiro fala sobre o contato estabelecido entre o presidente e os jornalistas e está reproduzido a seguir:

> Antes de passar a responder as perguntas, o Presidente da República saudou os jornalistas, externando a sua satisfação por mais aquele convívio direto com os homens da imprensa, na oportunidade cumprindo uma etapa do programa comemorativo do primeiro aniversário da Revolução de 31 de março. Ao encerrar a entrevista, o Presidente Castelo Branco dirigiu novas palavras de agradecimento aos jornalistas, pela atenção dispensada ao encontro e pelo contato que com eles mantivera. (*O GLOBO*, 1965, s/p).

O parágrafo que aparece em seguida a esse tem apenas três linhas e se limita a mencionar o tema da primeira questão respondida e a anunciar a transcrição das perguntas e respostas. Como se pode perceber, um espaço considerável foi destinado a falar sobre a relação dos jornalistas com o presidente no primeiro aniversário do 31 de março. Aqui interessa menos o fato de o presidente militar ter usado o cumprimento aos jornalistas como estratégia para construir um ambiente de aparência democrática do que o fato de os jornalistas terem considerado essa informação mais relevante para ser ressaltada do que quaisquer outros comentários possíveis sobre o conteúdo das respostas dadas por Castelo. Ainda que predomine na matéria a reprodução e que esses quatro parágrafos introdutórios sejam a junção de informações factuais e citação (sem aspas) e que, portanto, o papel do jornalista seja mínimo, é possível atribuir a essa fala um sentido de adesão ao presidente e ao regime tratados.

No dia seguinte à entrevista, o presidente discursou no Congresso, ainda em razão do aniversário do movimento. Mais uma vez, na introdução de dois parágrafos que antecede a reprodução do pronunciamento o conteúdo da fala de Castelo é citado, como mostra o excerto a seguir:

> O Presidente Castelo Branco discursou ontem perante o Congresso, em comemoração ao primeiro aniversário da Revolução, tendo acentuado, a certa altura, que o esforço geral deve ser orientado no sentido da descoberta e do fortalecimento de condições que facilitem a renovação democrática do País. Isto para que, revitalizada constitucional e moralmente, possa a democracia tornar-se o que ela nunca deveria deixar de ser: uma força que polarize as jovens energias. (*O GLOBO*, 1965b, s/p).

Empregando as mesmas palavras do presidente, os jornalistas o citam sem, no entanto, usar aspas. Isso nos leva à primeira perspectiva das três propostas anteriormente. Entre 1965 e 1968, a leitura das matérias nos leva a crer que os jornalistas faziam suas as palavras dos militares, o que pode ser visto como um movimento de *adesão* por parte dos jornalistas ao regime. No dia 31 de março de 1966, Castelo comemorou o aniversário do regime inaugurando uma usina da Cosipa, em Santos (SP). Na ocasião, disse a matéria de cobertura:

> O Presidente Castelo Branco chegou à usina da COSIPA às 10h40m, isto é, exatamente no horário. [...]

> Demonstrando bom-humor, o Presidente Castelo Branco desceu do carro cumprimentando a todos os que se acercavam dele para, logo depois, em amplos acenos, agradecer aos escolares e aos operários as primeiras manifestações de carinho que recebia. (*O GLOBO*, 1966c, s/p).

A caracterização de Castelo como um presidente bem-humorado, que distribui "longos acenos", e recebe "manifestações de carinho", se por um lado não é suficiente para transformar o jornalista num mediador político, reforça a aproximação dos jornalistas com relação ao regime. Ao que parece, Castelo não foi o único presidente "bem-humorado" do regime militar.

> A primeira entrevista coletiva do marechal Costa e Silva revelou um presidente bem humorado, com bastante espírito

> e respondendo com objetividade às mais variadas perguntas. Foi simples e, sobretudo, muito humano nas suas respostas. Em nenhum momento das 24 respostas houve nenhuma ponta de demagogia. Nenhum ataque, nenhuma palavra menos atenciosas dirigida aquém quer que fosse. Mesmo para com os cassados teve palavras de consideração. O presidente inaugurou um ciclo novo de diálogo com a opinião pública através da imprensa. A espontaneidade de sua personalidade e a generosidade de seus gestos foram os dois grandes trunfos, que puseram também os jornalistas à vontade, transformando aquele encontro num autêntico debate democrático dos problemas os mais variados. [...]
>
> O presidente trazia algumas respostas prontas para as perguntas que lhe haviam sido previamente formuladas. Mas a parte escrita valeu apenas como um roteiro, pois que passou a respondê-las de improviso. Deu assim um tom diferente ao diálogo [...]. (*O GLOBO*, 1967, s/p).

No trecho, já anteriormente citado, o uso de adjetivos empresta um tom de comentário à introdução da entrevista, que é transcrita em seguida, depois que algumas informações sobre horário, local e os presentes são também dadas. É importante perceber que o conteúdo da entrevista não recebe um espaço relativamente importante. O jornalista mais uma vez não está mediando o acontecimento político, mas demonstrando sua adesão ao governo.

As notícias sobre a morte do estudante secundarista Edson Luís pela Polícia Militar no dia 29 de março do ano seguinte, no restaurante Central dos Estudantes, conhecido como Calabouço, dividiram espaço com o aniversário do golpe em 1968 e contaminaram o discurso do presidente. Sob o título *Costa e Silva: "os agitadores querem sangue"*, já não houve adjetivos sobre a personalidade do presidente. Precedendo a transcrição do seu discurso no quinto aniversário do regime, apenas o seguinte parágrafo foi escrito:

> O Presidente Costa e Silva disse ontem à noite no Clube das Forças Armadas, durante o coquetel comemorativo do 5.º aniversário da Revolução, que nenhuma agitação conseguirá mudar a orientação do Governo: "Cumprimos o nosso dever – afirmou – e havemos de cumpri-lo a custa de qualquer sacrifício. Os agitadores pedem sangue, mas o Brasil continuará sem sangue".

> À solenidade estavam presentes os presidentes do Supremo Tribunal Federal, ministro Luis Galletti, do Congresso, Sr. Pedro Aleixo, e da Câmara, Sr. José Bonifácio, além dos ministros militares e de alguns ministros civis. Saudado pelo ministro da Aeronáutica, o Presidente respondeu em breve improviso. (*O GLOBO*, 1968c, s/p).

A morte do estudante num confronto com policiais deu início a uma série de manifestações estudantis que duraram até o dia 1.º de abril. No dia 2, o jornal mencionava palavras ríspidas do presidente ditas no dia anterior:

> O Presidente Costa e Silva declarou ontem em Porto Alegre a um grupo de parlamentares da Arena e de jornalistas: "manteremos o atual regime revolucionário de qualquer forma. Não cederemos à desordem e à baderna." Acrescentou que o Brasil atravessa fase difícil, necessitando unir-se para trabalhar e progredir. Ou então, descambará para um regime de força. (*O GLOBO*, 1968b, s/p).

O episódio do Calabouço e o posicionamento austero do governo marcaram o momento em que houve uma mudança na aproximação dos jornalistas. Até então haviam sido ressaltadas partes das falas dos presidentes que proclamavam a perseguição de um "bem maior" e do restabelecimento da ordem, e empregados adjetivos para falar da personalidade dos presidentes. Além disso, outras matérias que extrapolam o recorte deste trabalho – porque não se limitam ao presidente e aos ministros militares – evidenciaram a busca de outras vozes que contribuíssem para legitimar a comemoração. No primeiro aniversário do regime, em 1965, *O Globo* dedicou oito páginas à ocasião no dia 30 de março e outras oito páginas no dia seguinte. Com o passar do tempo esse espaço diminuiu.

A partir de 1968 o presidente não será mais reconhecido como um homem "bem- humorado", nem como aquele que dialoga com a opinião pública. Nem receberá mais adjetivos sobre sua personalidade. A fase de adesão dá, então, lugar a uma fase de *afastamento*, de distanciamento do jornalista em relação ao regime narrado. Em 1969 a última entrevista é concedida por um presidente militar na ocasião do aniversário do regime e ela é apresentada com mais imparcialidade do que anteriormente, como se vê no trecho a seguir.

> No preâmbulo da entrevista coletiva que concedeu à imprensa, ao ensejo do quinto aniversário da Revolução, e cuja primeira parte foi ontem divulgada por uma cadeia de rádio e televisão, o Presidente Costa e Silva convocou todos

os setores da opinião nacional para uma integração patriótica em favor do Brasil, da paz, do bem-estar dos brasileiros. Disse que o país precisa triunfar da pobreza – e o trunfo é o trabalho de todos.

O Chefe do Governo declarou, ainda, que o Movimento de 31 de Março de 1964 caminha para atingir todas as suas metas, a primeira das quais é transformar o Brasil em um país verdadeiramente grande, seguro, feliz e respeitado. (*O GLOBO*, 1969, s/p).

No dia 30 de março de 1973, a ordem do dia do ministro da Aeronáutica, Araripe Macedo, foi introduzida da seguinte forma:

"A Revolução, cujo nono aniversário comemoramos, foi uma imposição da consciência nacional e é, sem pertencer a ninguém, uma conquista de todos os brasileiros", diz a ordem--do-dia do Ministro da Aeronáutica, Brigadeiro Araripe Macedo, sobre as comemorações, este ano, do 31 de Março.

O documento assinala que "mais que uma mera substituição de homens no poder, a Revolução, assumindo os riscos da direção, restaurou a confiança coletiva nos destinos da Pátria". (*O GLOBO*, 1973a, s/p).

O uso de aspas e a restrição a citações pontuais em que a fala é claramente remetida ao presidente ou ao ministro, a inexistência, agora, de considerações sobre a personalidade do presidente e um espaço já reduzido em relação ao anterior dedicado às vozes de terceiros sobre a revolução – exceto em 1974, ocasião da comemoração de uma década de aniversário e em que houve, portanto, o esforço de apresentar vozes distintas – são indícios do afastamento do jornalista em relação ao que narra. Os parágrafos que introduzem as reproduções dos discursos oficiais também diminuem de tamanho com o passar do tempo, ora se apresentando em sua maior parte como uma citação com aspas do discurso reproduzido, como no exemplo a seguir:

"Invariavelmente sensível aos interesses humanos, particularmente os consistentes na justiça social, a ordem revolucionária fez desses interesses o fim múltiplo das últimas e grandes iniciativas mediante as quais, no seu dinamismo, transforma radicalmente o País", disse o Presidente Médici no pronunciamento que fez ao País ontem à noite, por uma cadeia de rádio e televisão, sobre o nono aniversário da Revolução. (*O GLOBO*, 1973b, s/p).

Ora assumindo linguagem que se limita a ser mais descritiva, como passou a acontecer no governo do presidente Ernesto Geisel:

> O presidente da República chegou à Vila Militar às 10h30m, em companhia do Governador Faria Lima e dos ministros--chefes do Gabinete Militar, general Hugo de Abreu, e do SNI, general João Batista Figueiredo, sendo recebido pelo ministro do Exército, general Sylvio Frota, e pelo comandante da Primeira Divisão de Exército, general Walter Pires de Carvalho e Albuquerque.
>
> Depois da salva de artilharia e de passar em revista a Guarda de Honra, Geisel serviu para o QG da Primeira Divisão de Exercito, de cuja sacada assistiu a desfile das tropas aquarteladas na Vila Militar.
>
> Também estiveram presentes [...]
>
> Em seguida ao desfile, o presidente foi apresentado aos comandantes de unidades da Primeira Divisão de Exército, com quem conversou durante alguns minutos, antes de visitar o Regimento Floriano, onde serviu como aspirante e, mais tarde, foi seu comandante.
>
> Às 12h40m, em companhia do ministro do Exército, Geisel chegou ao [57°] Batalhão de Infantaria Motorizada, onde se realizou o almoço comemorativo, servido no pavilhão [...] Com Geisel sentado entre o vice-presidente e o ministro do Exército, o almoço começou a ser servido às 13 horas. [...] (*O GLOBO*, 1976c, s/p).

O jornalista aparece até esse momento, predominantemente, como um espectador, afastado do que observa, que narra sem explicar, que relata sem oferecer uma ligação do relato com a vida prática, sem dar uma explicação (BENJAMIN, 1975). Define a cena, mas, geralmente, não tem nada mais a dizer sobre o acontecimento. Essa configuração se manteve constante até o final do governo Geisel, quando, em 1978, a matéria anteriormente reproduzida representa uma mudança considerável na forma de abordar o evento. O próprio título da matéria – "Geisel discursa hoje mas ênfase não é política" (*O GLOBO*, 1978, s/p) – possibilita algumas análises. Primeiro, "mas" é uma conjunção que indica oposição ou restrição. Ao ser empregada na frase, indica que os jornalistas supunham – e explicitaram essa suposição – que o discurso do presidente deveria ter ênfase nas medidas políticas. Tal crítica não se verificava anteriormente. Na maioria das vezes, os títulos reproduziam, com ou sem aspas, falas do próprio discurso, como em "Costa e Silva: 'os agitadores querem sangue'" (*O GLOBO*, 1968c, s/p) ou em "Médici ao povo: Revolução fez o Brasil nascer de novo" (*O GLOBO*, 1970). Em segundo lugar, é uma crítica antecipada, ou seja, a frase deixa clara a previsão e o julgamento de que teor teria (ou não teria) o pronunciamento do presidente. Nos anos anteriores, títulos de notas prévias acerca dos discursos presidenciais traziam informações mais genéricas, por exemplo, "presidente fala sobre nove anos da Revolução" (*O GLOBO*, 1973c, s/p).

A continuação da matéria de 1978, seguindo o teor do título, estende a análise anunciada. Quando o jornalista escreveu suspeitando que o discurso que Geisel faria naquele dia, "segundo fontes ligadas à presidência, não [deveria] registrar nenhum avanço em relação a pronunciamentos anteriores quanto à abertura política" (*O GLOBO*, 1978, s/p), estava pressupondo como questão central de interesse público o processo de abertura política, cujo fim seria justamente desestruturar o regime político iniciado em 64 e que, naquela mesma data, comemorava-se. A partir desse momento até o fim do governo Figueiredo e do regime militar, o jornalista passa a emergir como um analista político, como um ator que aparece claramente na narrativa. Deixa, portanto, o papel de mero observador e transforma o seu anterior afastamento numa postura de análise, mesmo que ainda tímida, sobre o regime. Essa nova postura se apresenta como uma tendência, embora não aconteça exatamente em todos os anos a partir de então – em alguns momentos, mesmo após o fim do regime, discursos ainda foram reproduzidos como se sozinhos se bastassem. Embora isso não queira dizer que o posicionamento do jornalista, quando analista político, seja contrário ao regime.

A abertura política, mencionada pela primeira vez no âmbito dos aniversários em 1978, passou de tabu a questão central, mencionada em 1980, 1981, 1982 e 1984. Em 1980, comenta-se, inclusive, o tamanho e o tempo que o discurso do presidente Figueiredo consumiria por parte do público leitor. O jornalista parece querer ressaltar o pouco espaço e o pouco tempo, ou o pouco que o presidente teria a dizer sobre 16 anos do governo. Também nessa matéria é claramente considerada a presença de um terceiro personagem – o público –, como mostra o trecho reproduzido a seguir.

> O presidente João Figueiredo dará ênfase em seu pronunciamento de hoje à noite, através de cadeia nacional de rádio e televisão, aos avanços político e social, e às dificuldades que o Governo vem enfrentando para consolidar a Abertura.

> Em cerca de quatro laudas que não consumirão mais do que oito minutos da atenção dos telespectadores, o presidente fará uma análise do movimento revolucionário de 1964, na comemoração dos seus 16 anos. (*O GLOBO*, 1980, s/p).

Em 1979, sem nenhuma razão aparente, Figueiredo não discursou. Foi a primeira vez, desde 1965, que um presidente militar não fez um pronunciamento especial alusivo à data, embora tenha participado de uma missa comemorativa na Catedral Metropolitana, em Brasília. Essa ausência do discurso presidencial só ocorreria mais duas vezes, todas em seu governo, em 1981 e em 1983. Em nenhuma das três ocasiões os jornalistas questionaram no jornal por que razões o presidente, excepcionalmente em mais de duas décadas, não se pronunciaria – o que se poderia esperar de um analista político. No entanto, como foi dito, esse processo de assumir um novo papel estava ainda se moldando. E, ainda que não tenha havido discussão sobre o significado simbólico e político de o presidente não se pronunciar, houve outras pistas que não anulam, mas ajudam a reforçar esse processo de transformação. Em 1981, colada à matéria (e sob o mesmo grande título) sobre a ida do presidente à missa em Brasília, aparecia uma coluna sobre a vinda de um cientista político francês ao país e seu breve comentário acerca da situação política, conforme se vê no excerto a seguir.

> O cientista político francês Maurice Duverger, que chegou ontem em Brasília para um ciclo de palestras na Universidade de Brasília, negou-se a comentar a situação institucional brasileira, mas afirmou que não viajaria para cá se não estivesse informado sobre o estágio de transição política do país.
>
> "– Em reuniões sobre direitos humanos na Sorbonne – disse –, tive acesso a relatórios da Anistia Internacional. Estes documentos dizem que houve evolução política no Brasil e que o processo de democratização trará consequências importantes [...]". (*O GLOBO*, 1981, s/p).

Ainda que não pelas palavras do próprio jornalista, aqui, a seleção e a arrumação geográfica das notícias apontam para um olhar analítico. Em 1983, o presidente também não discursou, mas, pela primeira vez, aparece uma matéria que comenta os pontos em comum entre os discursos dos três ministros militares:

> O compromisso das Forças Armadas com o regime democrático foi reafirmado pelos três Ministros militares em suas ordens do dia sobre o 19.º aniversário da Revolução.

Os documentos têm ainda em comum a exortação à união nacional e ao diálogo, com a superação dos revanchismos. (*O GLOBO*, 1983, s/p).

Mesmo que essa comparação não constitua uma análise profunda, aponta para um esforço premeditado de produção de sentido comparativo. O último discurso de Figueiredo e, consequentemente, do regime sobre o próprio regime, em 1984, baseou-se na sugestão de que uma revisão constitucional era oportuna e se faria em breve e de que as eleições para o seu sucessor seriam indiretas, ressaltando o presidente que havia deixado isso claro desde um pronunciamento no início do seu governo, em 1980. Na chamada de capa sobre o pronunciamento do presidente, o jornal exibe vários lados da discussão com as opiniões de outros personagens, a favor da decisão do governo de manutenção das eleições indiretas para a presidência, como a do líder governista na Câmara Federal, deputado Nelson Marchezan; em defesa das diretas pela estabilidade que dá ao regime, como a do ministro Leitão de Abreu; contrárias às críticas feitas por Figueiredo às eleições diretas, como a do vice-presidente, Aureliano Chaves, a do presidente do PMDB, Ulysses Guimarães, e a do governador Tancredo Neves. Embora a principal informação seja que, em 1985, as eleições seriam indiretas, *O Globo* ressalta nos títulos que o governo proporia eleições diretas no futuro. O destaque é dado, então, a uma promessa "oficial" como garantia de mudança política.

Mas, ainda em 1984, há uma novidade na narrativa sobre o aniversário do regime militar. Pela primeira vez foi publicada uma charge política diretamente ligada ao evento, e que aparece duas páginas após o discurso do presidente. Chico Caruso, autor da charge, começou a trabalhar n'*O Globo* nesse mesmo ano, mas provavelmente esse tipo de crítica não teria tido espaço ou não seria possível em outro momento. Nela o presidente Figueiredo aparece nervoso e constrangido diante do público com seu texto em mãos que é consideravelmente pequeno, tanto no tamanho quanto no significado. Figueiredo parece acuado por vir a público comemorar o aniversário da "revolução" em meio à abertura e, ainda, afirmar que manterá as eleições indiretas para o seu sucessor. A charge é um explícito julgamento político apesar de compartilhar a página com o tradicional quadro de comentário em defesa do regime, que continuava presente.

A análise da narrativa de *O Globo* permite focar no produto mais concreto do jornalismo que é o texto, como uma alternativa à intenção, à resistência ou ao adesismo, e permite reafirmar algumas considerações.

Em primeiro lugar permite recusar a imprensa entendida apenas como um instrumento. A complexidade descrita supra que encontramos no jornal de diferentes vozes coexistindo, ora aderindo a uma política de governo, ora se afastando, ora criticando, reflete mais incertezas do que um posicionamento homogêneo.

Outro ponto ao qual pudemos nos contrapor foi a consideração da imprensa como necessária porque leva conhecimento, informa, expõe a verdade. Foi possível perceber que, às vezes, ao caráter informativo se sobrepõe o ato de reforçar, reafirmar símbolos anualmente, mesmo que não fossem informações novas. E que o foco na opinião pública nem sempre se confirma. Em alguns momentos o Estado é o público e o jornal não necessariamente fala em nome da sociedade.

As pretensões de um jornalismo liberal, esclarecedor, vigilante e protetor e que deveria ele próprio fiscalizar o governo e não o contrário, se, por um lado, não nasceram com o regime militar – a frase de Carlos Lacerda, na década de 1950, que inaugurou o segundo capítulo é prova disso –, foram reforçadas pela ocorrência da censura. Fato é que o jornalismo durante o regime militar não desempenhou essas funções. É necessário que se desenvolvam, num futuro breve, estudos sobre os efeitos desses períodos autoritários para o exercício do jornalismo, que ofereçam subsídios para fundamentar análises capazes de construir sentidos e diferenciar os modelos liberais de países historicamente democráticos do nosso caso – o de países que passaram recentemente por transições políticas. O que temos que continuar nos perguntando por agora é se em algum momento, mesmo fora da ditadura, teria o jornalismo alcançado essas pretensões.

CONSIDERAÇÕES FINAIS

No dia 1.º de abril de 2011, *O Globo* publicou, na editoria O País, uma matéria intitulada "Exército manda que general se cale sobre 64". O general Augusto Heleno, diretor do Departamento de Ciência e Tecnologia do Exército, faria no dia 31 anterior uma palestra intitulada "A contrarrevolução que salvou o Brasil". O ministro da Defesa de então, Nelson Jobim, um civil, já havia determinado às três Forças que não houvesse qualquer ato que exaltasse a data. Como Augusto Heleno ocupa a mais alta patente do Exército, sua palestra só foi cancelada após determinação do Comandante do Exército, Enzo Peri. O jornal explorou como ponto principal a relação hierárquica no interior da instituição militar. No dia 2 de abril, mais uma matéria mencionava o "cala-boca do Comando do Exército" ao general Heleno e mencionava com espanto a conversa descontraída entre os três, Jobim, Peri e Heleno, mesmo após a proibição, numa solenidade de transmissão de cargo que havia acontecido no dia anterior.

Passadas décadas desde o fim dos governos militares, a comemoração do 31 de março voltou a ser notícia. Em 2011, durante o governo da presidente Dilma Rousseff, a questão enfrentou novo rumo,[51] quando o general Augusto Heleno foi proibido de se pronunciar sobre a data, ao contrário do que vinha acontecendo desde 1965. A "comemoração" do 31 de março havia ficado até então restrita aos militares da reserva no Clube Militar; o presidente da República e o ministro da Defesa desde o fim dos governos militares deixaram de ser os personagens mais importantes. Embora tenha continuado a haver solenidades nos clubes militares e de iniciativas do grupo Terrorismo Nunca Mais (Ternuma) formado no fim dos anos 1990 por militares e ex-militares, com o objetivo de defender sua visão sobre os

---

[51] Recentemente e, portanto, anos após a conclusão da pesquisa que gerou este livro, a questão tem nova reviravolta com a eleição de Jair Bolsonaro como presidente da República. Além de seu governo ter promovido o desmonte de órgãos dedicados à memória e à reparação de pessoas atingidas pela ditadura, Bolsonaro representou de forma inédita o discurso orgulhoso acerca dos métodos arbitrários praticados no período (GAGLIARDI; ALBUQUERQUE; SANTOS JUNIOR, 2021; SANGLARD; SANTA CRUZ; GAGLIARDI, 2021).

conflitos com militantes durante a ditadura, a comemoração perdeu espaço. Oficiais que circulavam na esfera pública buscaram, ao longo dos anos, deixar a memória do que aconteceu na ditadura no passado (MARTINS, 2003; GAGLIARDI; ALBUQUERQUE; SANTOS JUNIOR, 2021).

As matérias mencionadas, que abordam a data no ano de 2011, chamam atenção pelo foco que os jornalistas atribuem à disputa pela memória. O sentido do verbo "calar" foi a base de ambas. Outras palavras poderiam ter sido usadas. O destaque poderia ter sido sobre se seria legítimo ou não *comemorar* naquele momento o movimento de 1964. Mas o foco escolhido foi a questão hierárquica, o "quem manda agora", e não o 31 de março propriamente.

Entre as discussões que disputam como melhor fim o "calar" ou o "lembrar", ressurgem duas questões: por que estudar esse período? E por que estudar o jornalismo nesse período? Uma das respostas possíveis para a primeira pergunta se relaciona justamente com a emergência do assunto atualmente e com o aspecto conflituoso que continua assumindo. Enquanto a redemocratização brasileira foi adjetivada como *Nova República*, na tentativa de estabelecer uma nova ruptura positiva na história política brasileira, pendências pairam num universo de questões mal resolvidas: de ex-presos políticos torturados por funcionários do Estado, de parentes de desaparecidos, de uma legislação artificial e ambígua, de inúmeros personagens políticos da época do regime militar ainda atuantes etc. Para a segunda pergunta, pode-se argumentar que o jornalismo, ao requerer o papel de mediador entre o mundo da política e a sociedade civil, assume um papel que provoca interesse num período autoritário em que outros canais de mediação política são atingidos.

Mas há outra resposta que nos parece mais atraente para ambas as perguntas. Tanto o período do regime militar quanto o exercício do jornalismo nesse período têm sido em geral tratados como se fossem simples, quando foram, na verdade, complexos. Ao mesmo tempo que interessa o contexto, a instituição militar e o jornalismo apresentavam particularidades internas próprias que receberam menos atenção. No início deste trabalho a preocupação foi considerar o contexto do regime militar a partir de seus conflitos, suas ambiguidades. A caracterização do ambiente instável em que atuaram os jornalistas fornece subsídios para entender por que a atuação destes também não poderia ter sido simples e por que o ritual de comemoração dos aniversários do regime se constituía, então, numa ocasião especial para construir unidade mediante o discurso em um campo em que não havia unidade de fato.

A partir disso, o segundo capítulo foi dedicado a entender o modelo naturalizado do qual se costuma partir para analisar o papel do jornalismo. No entanto, esse modelo se caracteriza por um distanciamento entre a teoria e a prática, uma vez que para funcionar de forma simples e integral demandaria exatamente um contexto histórico e político simples, o que não foi o caso. Ainda assim é o ponto de partida de pressupostos que continuam bastando para analisar o exercício do jornalismo no período e que geralmente deixam de lado as análises práticas de seu produto final.

Esse produto – as matérias produzidas no jornal, referentes ao ritual de comemoração do regime discutido no primeiro capítulo –, foi o objeto empírico analisado na terceira parte do trabalho com o objetivo de deslocar o foco da discussão para o que é o resultado mais concreto do exercício do jornalismo: as narrativas que produz. A partir delas, buscou-se encontrar a dimensão de quão complexo é o espaço do jornal, independentemente de ser esse jornal julgado em geral como parte da grande imprensa. Com narrativas bastante distintas coexistindo, com reportagens que muitas vezes surpreendem as expectativas oriundas de paradigmas e com estratégias que podem, em momentos distintos, ter significado algumas possibilidades de posicionamento dos jornalistas, mesmo durante a censura, as narrativas jornalísticas vistas de perto dizem mais sobre o jornalismo do que se costuma considerar.

A mídia em geral e a imprensa em particular atuam de formas distintas em lugares distintos e em momentos distintos. Podem atuar reforçando ou mantendo significados e paradigmas, podem atuar como forças de transformação em movimentos que acompanham as mudanças na sociedade, uma vez que jornalistas fazem parte da sociedade. Atuam junto a expectativas existentes em grupos sociais. Não transformam a realidade sozinhas. Ativamente ou passivamente, podem atuar ressaltando alguns aspectos em vez de outros, mas só se impõem diante da adesão do público, ou pelo menos de algum tipo de público que também os compõe.

Por essas razões, não se pode escrever o fim de uma história antes que ela seja vivida. Ao iniciar um trabalho como este, parte-se inevitavelmente de algumas premissas, mas a trajetória, o que se faz com elas, deve ser norteada pela investigação e não pelo desejo de confirmação. A premissa que fui obrigada a rever foi principalmente a expectativa de encontrar matérias que pudessem ser explicadas apenas pela chave da adesão. Enquanto me perguntava com que objetivo essas cerimônias eram cobertas periodicamente e a quem interessava lê-las, pude pôr em xeque a minha própria premissa naturalizada de que o jornal tem a função de determinar o que é interessante para o público e de que esse jornal se dirige apenas à sociedade em geral como seu público.

O objetivo deste trabalho não foi o de responder qual *deveria* ser a função dos jornalistas. A expectativa de contribuição foi a de propor o deslocamento da questão e das respostas conclusivas para outro caminho: que funções o jornalismo e, especificamente, a imprensa vêm demandando para si e vêm desempenhando, de fato, ao longo de contextos distintos na história do país.

REFERÊNCIAS

ABREU, Alzira Alves de. A participação da imprensa na queda do governo Goulart. *In:* Seminário 40 anos do Golpe de 1964 (2004: Niterói e Rio de Janeiro). *1964-2004:* 40 anos do golpe: ditadura militar e resistência no Brasil. Rio de Janeiro: 7Letras, 2004, p. 15-25.

ABREU, Alzira Alves de. A mídia na transição democrática. *Sociologia, Problemas e Práticas*, Lisboa, n. 48, 2005, p. 53-65.

ABREU, Alzira Alves de *et al.* Dicionário Histórico-biográfico Brasileiro Pós-1930. 2. ed. v. 4. Rio de Janeiro: Editora FGV; CPDOC, 2001.

ALBUQUERQUE, Afonso de. Aconteceu num carnaval: algumas observações sobre o mito de origem do jornalismo brasileiro moderno. *ECO-PÓS*, Rio de Janeiro, v. 11, n. 2, p. 95-116, ago./dez. 2008.

ALBUQUERQUE, Afonso de. Um outro quarto poder: imprensa e compromisso político no Brasil. *Revista Contracampo*, Niterói, n. 4, 2000.

ALBUQUERQUE, Afonso de. On Models and Margins: Comparative Media Models Viewed From a Brazilian Perspective. *In:* HALLIN, Daniel; MANCINI, Paolo (ed.). *Comparing media systems beyond the Western world.* Cambridge: Cambridge University Press, 2011. (No prelo).

ALBUQUERQUE, Afonso de; SILVA, Marco Antonio Roxo da. Skilled, loyal and disciplined: communist journalist and the adaptation of the American model of 'independent journalism' in Brazil. *The International Journal of Press/Politics*, [*S. l.*], v. 14, n. 3, p. 376-395, 2009.

ALMEIDA, Adjovanes Thadeu S. de. O regime militar em festa: as comemorações do sesquicentenário da Independência brasileira. *In:* FREIXO, Adriano de; MUNTEAL FILHO, Oswaldo (org.). *A ditadura em debate:* Estado e sociedade nos anos do autoritarismo. Rio de Janeiro: Contraponto, 2005. p. 105-122.

ANDRADE, Evandro Carlos. Depoimento. *In:* ABREU, Alzira Alves de; LATT-MAN- WELTMAN, Fernando; ROCHA, Dora (org.). *Eles mudaram a imprensa*: depoimentos ao CPDOC. Rio de Janeiro: Editora FGV, 2003.

AQUINO, Maria Aparecida de. *Censura, imprensa, Estado autoritário (1968-1978)*: o exercício cotidiano da dominação e da resistência – O Estado de São Paulo e Movimento. Bauru: EDUSC, 1999.

ARAUJO, Rodrigo Nabuco de; MARIN, Richard. Guerra Revolucionária: afinidades eletivas entre oficiais brasileiros e a ideologia francesa (1957-1972). *In:* D'ARAUJO, Maria Celina; SOARES, Samuel Alves; MATHIAS, Suzeley Kalil (org.). *Defesa, Segurança Internacional e forças armadas*. Campinas: Mercado de Letras, 2008. p. 189-204.

ARQUIDIOCESE DE SÃO PAULO. *Brasil*: Nunca Mais. Petrópolis: Editora Vozes, 1985.

BAHIA, Juarez. Padrões da imprensa brasileira. *Jornal, história e técnica*: história da imprensa brasileira. 4. ed. São Paulo: Editora Ática, 1990. p. 369-377.

BENEVIDES, Maria Victoria. *A UDN e o udenismo*: ambiguidades do liberalismo brasileiro (1945-1965). Rio de Janeiro: Paz e Terra, 1981.

BENJAMIN, Walter. O narrador. *Os pensadores:* textos escolhidos. São Paulo: Abril Cultural, 1975. v. 48.

BIROLI, Flávia. O papel da Imprensa por ela mesma: Golpe, ditadura e transição em jornais e revistas brasileiros, entre 1984 e 2004. *In:* KUSHNIR, Beatriz (org.). *Maços na gaveta*: reflexões sobre mídia. Niterói: EdUFF, 2009. p. 159-176.

CALLADO, Antonio. *Censura e outros problemas dos escritores latino-americanos*. Rio de Janeiro: José Olympio, 2006.

CARVALHO, Aloysio Castelo de. *A Rede da democracia*: O Globo, O Jornal e Jornal do Brasil na queda do governo Goulart (1961-64). Niterói: Editora da UFF; Editora NitPress, 2010.

CASTRO, Celso. *A invenção do exército brasileiro*. Rio de Janeiro: Jorge Zahar Editor, 2002.

CASTRO, Celso. Os militares e a memória do regime de 1964. *Seminário 40 anos do Golpe de 1964*. 1964-2004: 40 anos do golpe: ditadura militar e resistência no Brasil. Rio de Janeiro: 7Letras, 2004.

CASTRO, Celso. Comemorando a 'revolução' de 1964: a memória histórica dos militares brasileiros. *In:* FICO, Carlos (org.). *Ditadura e democracia na América Latina*: balanço histórico e perspectivas. Rio de Janeiro: Editora FGV, 2008. p. 119-142.

CHAUÍ, Marilena; NOGUEIRA, Marco Aurélio. O pensamento político e a redemocratização no Brasil. *Lua Nova*: revista de cultura e política, São Paulo, n. 71, 2007.

CHIRIO, Maud. Fêtes nationales et regime dictatorial au Brésil. *Vingtième Siécle. Revue d'Histoire*, [*S. l.*], v. 90, p. 89-108, 2006.

CLASTRES, Pierre. O dever da palavra. *A sociedade contra o Estado*: pesquisas de antropologia política. São Paulo: Cosac Naify, 2003. p. 169-172.

COELHO, Edmundo Campos. *Em busca de identidade*: o exército e a política na sociedade brasileira. Rio de Janeiro: Forense Universitária, 1976.

CURRY, Jane Leftwich. *Poland's journalists:* professionalism and politics. Cambridge: Cambridge University Press, 2009.

DAMATTA, Roberto. Introdução e Carnavais, Paradas e procissões. *Carnavais, malandros e heróis:* Para uma sociologia do dilema brasileiro. 6. ed. Rio de Janeiro: Rocco, 1997. p. 15-84.

DAN, Huang. Power and right: "Yu Lun Jian Du" as a practice of Chinese media from an institutionalism perspective. *Journalism Studies*, [*S. l.*], v. 12, n. 1, p. 106-118, 2011.

DARNTON, Robert. Writing news and telling stories. *Daedalus*, [*S. l.*], v. 104, n. 2, p. 175-194, 1975.

DARNTON, Robert. O significado cultural da censura: a França de 1789 e a Alemanha Oriental de 1989. *Revista Brasileira de Ciências Sociais*, São Paulo, v. 7, n. 18, 1992, p. 5-17.

DASSIN, Joan. The Brazilian press and the politics of abertura. *Journal of Interamerican Studies and World Affairs*, [*S. l.*], v. 26, n. 3, 1984, p. 385-414.

DUARTE, Celina Rabello. Imprensa e redemocratização no Brasil. *Dados* – Revista de Ciências Sociais, Rio de Janeiro, v. 26, n. 2, 1983.

FICO, Carlos. *Reinventando o otimismo*: ditadura, propaganda e imaginário social no Brasil. Rio de Janeiro: Editora FGV, 1997.

FICO, Carlos. "Prezada Censura": cartas ao regime militar. *Topoi*, Rio de Janeiro: Programa de Pós-graduação em História Social da UFRJ/7 Letras, n. 5, p. 251-286, set. 2002.

FICO, Carlos. *Além do golpe*: versões e controvérsias sobre 1964 e a Ditadura Militar. Rio de Janeiro: Editora Record, 2004.

GAGLIARDI, Juliana; ALBUQUERQUE, Afonso de. Mediando o regime militar: as narrativas de *O Globo* sobre os aniversários da "Revolução de 64" durante o governo Geisel. *Revista Famecos*, Porto Alegre, v. 17, n. 2, 2010, p. 15-23.

GAGLIARDI, Juliana; ALBUQUERQUE, Afonso; SANTOS JUNIOR, Marcelo Alves. "Pela memória do coronel Carlos Alberto Brilhante Ustra": A política da memória na votação do impeachment de Dilma Rousseff. *In:* WEBER, Maria Helena (org.). *Pactos e disputas político-comunicacionais sobre a presidenta Dilma.* Porto Alegre: Figura de Linguagem, 2021. p. 565-585.

GEISEL, Ernesto. Depoimento. *In:* D'ARAUJO, Maria Celina; CASTRO, Celso (org.). *Ernesto Geisel.* Rio de Janeiro: Editora FGV, 1997.

HALLIN, Daniel; MACINI, Paolo. Falando do Presidente: A Estrutura Política e a Forma representacional nas notícias televisivas dos Estados Unidos e da Itália. *In:* TRAQUINA, Nelson (org.). *Jornalismo:* Questões, Teorias e "Estórias". Lisboa: Editora Vega, 1993. p. 306-325.

HALLIN, Daniel; MACINI, Paolo. *Comparing Media Systems*: three models of media and politics. Cambridge: Cambridge University Press, 2004.

KERTZER, David. *Ritual, politics and power.* New Haven and London: Yale University Press, 1988.

KINZO, Maria D'Alva. *Oposição e autoritarismo*: gênese e trajetória do MDB (1966-1979). São Paulo: Ed. IDESP/Vértice, 1988.

KUCINSKI, Bernardo. *Jornalistas e revolucionários*: nos tempos da imprensa alternativa. São Paulo: Scritta Editora, 1991.

KUCINSKI, Bernardo. A síndrome da antena parabólica. *A síndrome da antena parabólica*: ética no jornalismo brasileiro. São Paulo: Editora Fundação Perseu Abramo, 1998.

KUSHNIR, Beatriz. Depor as armas: a trajetória de Cony e a censura no Partidão. *Anos 90*, Porto Alegre, n. 13, p. 85-110, 2000.

KUSHNIR, Beatriz. *Cães de guarda*: jornalistas e censores do AI-5 à Constituição de 1988. São Paulo: Boitempo Editorial, FAPESP, 2004.

LACERDA, Carlos. *Discursos parlamentares*. Rio de Janeiro: Nova Fronteira, 1982. p. 657-663.

LUIZ GARCIA. *Depoimento prestado em 28/7/2008*, a Carla Siqueira e Caio Barretto Briso para o Centro de Cultura e Memória do Jornalismo. Disponível em: http://www.ccmj.org.br/acervo/conteudo/depoimentos. Acesso em: 25 maio 2011.

MARCONI, Paolo. *A censura política na imprensa brasileira (1968-1978)*. São Paulo: Global Editora, 1980.

MARTINS FILHO, João Roberto. *O palácio e a caserna*: A dinâmica militar das crises políticas na ditadura (1964-1969). São Carlos: Editora da UFSCAR, 1996.

MARTINS FILHO, João Roberto. A influência doutrinária francesa sobre os militares brasileiros nos anos de 1960. *Revista Brasileira de Ciências Sociais*, São Paulo, v. 23, n. 67, 2008.

MARTINS FILHO, João Roberto. A guerra da memória: a ditadura militar nos depoimentos de militantes e militares. *In*: Congresso da Associação de Estudos Latino-Americanos, 2003, Dallas. Anais... Dallas, 29 mar. 2003.

MARTINS, Luciano. A geração AI-5: um ensaio sobre autoritarismo e alienação. *Ensaios de opinião*. v. 11. Rio de Janeiro: Paz e Terra, 1979. p. 72-102.

MARTINS, Ricardo Constante. *Ditadura militar e propaganda política*: A revista Manchete durante o governo Médici. 1999. 200f. Dissertação (Mestrado em Ciências Sociais) – Universidade Federal de São Carlos, São Paulo, 1999.

MATTEUCCI, Nicola. Liberalismo. *In*: BOBBIO, Norberto; MATTEUCCI, Nicola; GIANFRANCO, Pasquino. *Dicionário de Política*. v. 2. 12. ed. Brasília: Editora Universidade de Brasília; São Paulo: Imprensa Oficial do Estado, 2002.

MCCARGO, Duncan. *Media and politics in Pacific Asia*. Londres: Routledge Curzon, 2003.

MCNAIR, Brian. Journalism and democracy. *In*: WAHL-JORGENSEN, Karin; HANITZSCH. *The handbook of journalism studies*. New York: Routledge, 2009. p. 237-249.

MOTTA, Rodrigo Patto Sá. *Partido e sociedade*: A trajetória do MDB. Ouro Preto: UFOP, 1997.

O GLOBO. Ordem do dia de Costa e Silva exalta o Governo Revolucionário. *O Globo*, Rio de Janeiro, p. 6, 30 mar. 1966a.

O GLOBO. Nomeado para o comando do II Exército o Gen. Dilermando Monteiro. *O Globo*, Rio de Janeiro, p. 3, 20 jan. 1976a.

O GLOBO. Coesão das Forças Armadas garante a obra revolucionária. *O Globo*, Rio de Janeiro, p. 1, 1 abr. 1976b.

O GLOBO. Geisel: Forças Armadas garantem obra da Revolução. *O Globo*, Rio de Janeiro, p. 3, 1 abr. 1976c.

O GLOBO. País não está sob ditadura e Forças Armadas não querem tutelar a Nação – Afirma Castelo. *O Globo*, Rio de Janeiro, p. 1, 1 mar. 1966b.

O GLOBO. Presidente: subversão está pedindo sangue. *O Globo*, Rio de Janeiro, p. 1, 1 abr. 1968a.

O GLOBO. Costa e Silva: caos não volta. *O Globo*, Rio de Janeiro, p. 1, 2 abr. 1968b.

O GLOBO. Fui um dos responsáveis pela Revolução e ela continuará. *O Globo*, Rio de Janeiro, p. 6, 1 abr. 1975.

O GLOBO. A saga do homem que achava que sua vida não ia terminar. *O Globo*, Rio de Janeiro. Segundo Caderno, p. 2, 8 ago. 2011.

O GLOBO. Nota do II Exército anuncia morte em xadrez. *O Globo*, Rio de Janeiro, p. 3, 20 jan. 1976d.

O GLOBO. Nomeado para o comando do II Exército o Gen. Dilermando Monteiro. *O Globo*, Rio de Janeiro, p. 3, 20 jan. 1976e.

O GLOBO. Gen. Ednardo passa comando e pede passagem para reserva. *O Globo*, Rio de Janeiro, p. 2, 21 jan. 1976f.

O GLOBO. Dilermando diz que assume tranqüilo o II Exército. *O Globo*, Rio de Janeiro, p. 3, 22 jan. 1976g.

O GLOBO. General Dilermando assume o comando do II Exército. *O Globo*, Rio de Janeiro, p. 3, 23 jan. 1976h.

O GLOBO. Gen. Dilermando: combate à subversão será rigoroso. *O Globo*, Rio de Janeiro, p. 1, 24 jan. 1976i.

O GLOBO. Costa e Silva dá completo balanço à situação do país: "Deve haver união nacional em torno dos problemas máximos". *O Globo*, Rio de Janeiro, p. 6, 1 abr. 1967.

O GLOBO. Geisel discursa hoje mas ênfase não é política. *O Globo*, Rio de Janeiro, p. 5, 31 mar. 1978.

O GLOBO. O governo quer para o Brasil um desenvolvimento acelerado. *O Globo*, Rio de Janeiro, p. 15, 31 mar. 1965.

O GLOBO. O Presidente no Congresso Nacional: Nosso esforço deve visar à descoberta e ao fortalecimento de condições que levem à renovação democrática do país. *O Globo*, Rio de Janeiro, p. 12, 1 abr. 1965b.

O GLOBO. Inaugurada pelo presidente a usina da COSIPA. *O Globo*, Rio de Janeiro, p. 6, 1 abr. 1966c.

O GLOBO. Costa e Silva: "Os agitadores querem sangue". *O Globo*, Rio de Janeiro, p. 10, 1 abr. 1968c.

O GLOBO. Presidente convoca a Nação para lutar contra a pobreza. *O Globo*, Rio de Janeiro, p. 23, 1 abr. 1969.

O GLOBO. Revolução foi conquista de todos, diz Ministro. Revolução foi conquista de todos, diz Ministro. *O Globo*, Rio de Janeiro, p. 8, 30 mar. 1973a.

O GLOBO. Médici: Objetivo da Revolução é a justiça social. *O Globo*, Rio de Janeiro, p. 8, 1 abr. 1973b.

O GLOBO. Médici ao povo: Revolução fez o Brasil nascer de novo. *O Globo*, Rio de Janeiro, p. 14, 1 abr. 1970.

O GLOBO. Presidente fala sobre nove anos da revolução. *O Globo*, Rio de Janeiro, p. 1, 30 mar. 1973c.

O GLOBO. País comemora hoje 16 anos da Revolução: Figueiredo destacará em discurso os avanços sociais e políticos. *O Globo*, Rio de Janeiro, p. 4, 31 mar. 1980.

O GLOBO. Missa em Brasília comemora aniversário da Revolução. *O Globo*, Rio de Janeiro, p. 4, 31 mar. 1981.

O GLOBO. Ministros militares reafirmam compromisso democrático. *O Globo*, Rio de Janeiro, p. 1, 30 mar. 1983.

PEREIRA, Merval. Depoimento. *In:* SZNEJDER, Victor. *Jornalistas*. Rio de Janeiro: Mauad, 2003. p. 43-57.

PINTO, Bilac. *Guerra revolucionária*. Rio de Janeiro: Forense, 1964.

REIS FILHO, Daniel Aarão. *Ditadura Militar, esquerdas e sociedade*. Rio de Janeiro: Jorge Zahar, 2000.

RESENDE, Fernando. O jornalismo e a enunciação: perspectivas para um narrador- jornalista. *In:* LEMOS, André; BERGER, Christa; BARBOSA, Marialva (org.). *Narrativas Midiáticas Contemporâneas*. Porto Alegre: Meridional, 2006.

RIBKE, Nahuel. Telenovela writers under the military regime in Brazil: beyond the cooption and resistance dichotomy. *Media, Culture & Society*, [*S. l.*], n. 33, v. 5, p. 659-673, 2011.

RIVIÈRE, Claude. *As liturgias políticas*. Rio de Janeiro: Imago Editora, 1989.

ROUQUIÉ, Alain (coord.). *Os partidos militares no Brasil*. Rio de Janeiro: Record, 1991.

SANGLARD, Fernanda; SANTA CRUZ, Lucia; GAGLIARDI, Juliana. Rememoração e retrotopia: Folha de S. Paulo e *O Globo* na cobertura dos 55 anos do golpe de 1964. *Opinião Pública*, Campinas, v. 27, n. 2, p. 360-384, 2021.

SANTIAGO, Silviano. Repressão e censura no campo das artes na década de 70. *Vale quanto pesa*: ensaios sobre questões político-culturais. Rio de Janeiro: Paz e Terra, 1982.

SCHUDSON, Michael. A Política da Forma Narrativa: A Emergência das Convenções Noticiosas na Imprensa e na Televisão. *In:* TRAQUINA, Nelson (org.). *Jornalismo*: Questões, Teorias e "Estórias". Lisboa: Editora Vega, 1993. p. 279-293.

SCHUDSON, Michael. Question Authority: A History of the News Interview. *In:* SCHUDSON, Michael. *The Power of News*. Cambridge: Harvard University Press, 1995. p. 72-93.

SILVA, Márcia Pereira da. História e Culturas Políticas: as concepções jurídicas evocadas pelos governos militares enquanto instrumento de obtenção de legitimidade. *História*, São Paulo, v. 28, n. 2, p. 17-42, 2009.

SIQUEIRA, Carla. A imprensa comemora a República: memórias em luta no 15 de novembro de 1890. *Estudos Históricos*, Rio de Janeiro, v. 7, n. 14, p. 161-181, 1994.

SOARES, Gláucio Ary Dillon. A censura durante o regime autoritário. *Revista Brasileira de Ciências Sociais*, São Paulo, v. 4, n. 10, p. 21-43, 1989.

SPARKS, Colin. The media as a Power for democracy. Javnost – *The Public*, Ljubljana, v. 2, n. 1, p. 45-61, 1995.

STEPAN, Alfred. *Os militares na política*. Rio de Janeiro: Editora Artenova, 1975.

STEPAN, Alfred. *Os militares*: da abertura à Nova República. Rio de Janeiro: Paz e Terra, 1986.

TUCHMAN, Gaye. A objectividade como ritual estratégico: uma análise das noções de objectividade dos jornalistas. *In:* TRAQUINA, Nelson (org.). *Jornalismo:* Questões, Teorias e "Estórias". Lisboa: Editora Vega, 1993. p. 74-90.

VOLTMER, Katrin. Comparing media systems in new democracies: East meets South meets West. *Central European Journal of Communication*, [*S. l.*], v. 1, n. 1, p. 23-40, 2008.

WEBER, Maria Helena. Ditadura e sedução: redes de comunicação e coerção no Brasil (1969-1973). *Comunicação e espetáculos da política*. Porto Alegre: Ed. da Universidade/UFRGS, 2000.

WHITE, Hayden. The value of narrativity in the representation of reality. *In:* MITCHELL, J. T. (ed.). *On Narrative*. Chicago and London: The University of Chicago Press, 1981.

FONTES

Jornal O Globo de 29, 30, 31 de março e 1.º de abril de 1965; 29, 30, 31 de março e 1.º de abril de 1966; 29, 30, 31 de março e 1.º de abril de 1967; 29, 30, 31 de março e 1.º de abril de 1968; 29, 30, 31 de março e 1.º de abril de 1969; 29, 30, 31 de março e 1.º de abril de 1970; 29, 30, 31 de março e 1.º de abril de 1971; 29, 30, 31 de março e 1.º de abril de 1972; 29, 30, 31 de março e 1.º de abril de 1973; 29, 30, 31 de março e 1.º de abril de 1974; 29, 30, 31 de março e 1.º de abril de 1975; 29, 30, 31 de março e 1.º de abril de 1976; 29, 30, 31 de março e 1.º de abril de 1977; 29, 30, 31 de março e 1.º de abril de 1978; 29, 30, 31 de março e 1.º de abril de 1979; 29, 30, 31 de março e 1.º de abril de 1980; 29, 30, 31 de março e 1.º de abril de 1981; 29, 30, 31 de março e 1.º de abril de 1982; 29, 30, 31 de março e 1.º de abril de 1983; 29, 30, 31 de março e 1.º de abril de 1984; 29, 30, 31 de março e 1.º de abril de 1985.